JN097202

# グズが直る時間思考術

# はじめに

## ……単に効率を上げるのではなく、自分にとって満足する時間をつくり上げる

### ▼「突き抜け」たのは時間の使い方がカギ▲

大学を卒業したあと、職につかずニートになってしまった私は、将来の方向性に迷い、もがいていました。

そして、ようやく就職できた小さな会計事務所ではミスばかりをして、ほとんど追い出されるようにその事務所を辞めてしまったのです。

でもその後、私はコンビニに転職して現場から本部スタッフに抜擢《ばってき》されるまでになり、働きながら米国公認会計士（USCPA）の資格も取得しました。

それから、超難関といわれる外資戦略系コンサルティングファームの門をたたき、

世界中から集まったスーパービジネスマンたちと肩を並べて活躍できるまでになりました。

そしていまでは、不動産投資コンサルティングの会社をはじめ、複数の会社の代表取締役を務めています。

信じられますか？

あんなにもダメだった私が、と自分でも不思議になります。

私の人生は、ニート↓ダメ社員↓コンビニ店員↓経営コンサルタント↓資産3億円を得る↓会社経営者へと、まさに下から上に「突き抜けた」という感じです。

どうして、ニートやダメ社員だった私が「突き抜ける」ことができたのか。

**そのカギはまさに、この本でお伝えする「時間」に対する管理法と思考法にあります。**

サラリーマン時代、私は成功を目指して、さまざまな本を読みました。

なかでも、時間の使い方に関する本には関心を持ち、たくさん読破しました。

そのほとんどには、時間の効率化や細切れ時間の大切さについて書かれていたことを覚えています。

確かに参考になる部分は多くあり、私も実際にやってみたりしました。

でも、どんなに時間を効率化し、細切れ時間を有効に使ったとしても、自分自身が満足する時間の使い方にならなければ、あまり意味がないのではないか、と感じるようになりました。

「短時間でいろんなことをこなせる」とか「仕事の効率がいい」といったことは、もちろん大事です。

しかし、あとで振り返ってみたときに、「ああ、充実した時間だった」と本当に思えることのほうが重要ではないでしょうか。

その積み重ねが「満足度の高い人生」につながっていくと私は思っています。

**私はいま、とても充実した生活を送っています。**

とくに、仕事をしている時間は最高に楽しくてしょうがありません。

なにも自慢がしたくて、このようなことを言っているのではありません。

自分の人生を本当に満足できるものにするために、「時間」という側面から日々の習慣を見直してみるきっかけになればと思い、この本を書きました。

かつての私は、「会社員」として優秀になることは考えていましたが、「自分の人生の主役」としては何も考えていませんでした。

パソコンをうまく使えば、より快適に仕事が進みます。お金をうまく使いこなすと、生活がより豊かになります。そして同じように時間をうまく使いこなすと、人生がより豊かになります。

そうなるためにこそ自分の人生を「思考」して、いまの時間を「いかに満足度を高く使えるのか」が重要になってきます。

とは言っても私自身、いまだに時間にバタバタと追われることもありますし、時間の効率化という意味では私よりもっとうまい人はたくさんいるでしょう。

ただ「自分の満足度を高める」という意味での時間術では、人より一歩抜きん出ているのではないかと自負しています。

単に時間の使い方だけを言っていても、仕事において効率が上がるかもしれませんが、効率を上げたその先に何を見ているかが大切なのではないでしょうか。
「自分がどういう生き方をしたいのか」「何をすれば幸福と感じるのか」を合わせて考えていくことが、本当の「時間術」だと思います。

## ▼「時間」は自分の人生そのもの▲

「時間」というと、なんとなく生き方を構成する一要素という印象がありますが、私は自分の人生そのものだと考えています。

いま、過ごしているこの一瞬、1秒の積み重ねが「人生」なのであって、「時間術」も「人生術」に他なりません。

この瞬間、瞬間を充実させていくことが、よい人生につながります。

ガッツリ仕事をしている時間も当然、充実した時間ですし、南の島のリゾートでの<ruby>ん</ruby>んびり何もしないでいるのも充実した時間です。

私はよくこんな話をします。

「ビールを飲みながらプロ野球を見ている時間は、客観的に見るとムダに思えるが、本人がものすごくリラックスして、至福の時間だと感じ、それによって明日への活力が養われるのであれば、非常に充実した時間だ」と。

しかし、ただ単純に「することがないから」という理由で、暇潰しにテレビを見ているだけなら、単なるムダな時間といえます。

つまり、**本人がいかに満足を感じて過ごすのかが大事であって、時間を「効率」一辺倒の尺度で測るのではなく、いろいろな「満足度」の尺度で測ってもいいのではないでしょうか。**


その尺度は人によって違うので、自分がいったい何に満足を感じるのかで、その人の時間の使い方も変わってきます。

ビールを飲んでプロ野球を見るように、人からすれば「効率的でない時間」に見えても、本人が満足していれば、よい時間の使い方だといえます。

反対に、夜1時、2時まで働き、分刻みのスケジュールをこなしている有能な社員がいても、本人がその仕事を嫌々やっていたり、空しさを感じていれば、よい時間の使い方ではありません。

## ▼「効率」の先にある「満足」を追求する▲

そう考えると、人が言っていることや本に書かれていることをうのみにするのではなく、さまざまな価値観を吸収したうえで、自分の価値観と重ねて、自分なりの時間の使い方を模索していくことが大切です。

ですから、本書も一つの参考にすぎません。

人生も時間も試行錯誤の連続です。

「これが正解！」という決まったものはありません。

**自分がやりたいことを中心に時間の使い方を組み立てて実践し、違っていれば修正していくのが、自分流の時間術に近づく道です。**

それを踏まえた上で、さらに「満足」の中身を追求していくことが、より満足度の高い人生を送る秘訣《ひけつ》ではないでしょうか。

単に感情に任せて、そのときだけの満足を求めるのではなく、その時間が自分にとってどんな意味を持つのか、その先を意識して、自分がいま何をしたら将来も続く大きな満足になるのかを考えながら、時間の使い方を選ぶことが必要です。

たとえば自分にとって資産形成が大事なのであれば、いまやっていることは資産形成につながるのかとか、バリバリ仕事をして出世するのが優先順位のトップであれば、その時間の使い方で役に立つのか、というように、時間の使い方を意味づけしておくのです。

そうすれば、ガリガリ時間管理をしなくても、必要なことは自然にやるし、必要でなければやらなくなるはずです。

この本では、ニートやダメ社員だった私が、時間についてどのように考え、どのように実践しているかをお話ししたいと思います。

繰り返しになりますが、**効率を上げることが最終の目的ではなく、どうやって時間を有効に使って自分が満足する時間をつくれるかが本書の目的**です。

本書が、この本を手に取っていただいた方に何か一つでも響くものがあれば幸いです。

午堂登紀雄

# 目次

# 第2章 ムダな時間を有効に変える！

# 第3章

# 常識をくつがえす！

# 第4章 時間を資産に変える！

# 第5章 人生を思考して「突き抜ける！」

# 第1章

# いまの生活スタイルを変えずに、最高効率をたたきだす！

# 01 まずは「仕組み」をつくり上げる

## ▼自分に負荷をかけない「仕組み」をつくる▲

まず、はじめにお伝えしておきますが、私は朝が苦手です。

時間術の本というと、「どれだけ著者は早起きなのだろう？」「どれだけ時間を詰めこんだ生活をしているのだろう？」と思われる方も多いかもしれませんが、残念ながらそうではありません。

ですから、安心してください。

朝が苦手な人でも、面倒くさがりな人でも、時間の達人になることはできるのです。

私がここで伝えたいことは、自分にムリをしたり詰めこんだりして時間をひねりだすのではなく、いまの自分の生活スタイルを変えずにどれだけ時間をうまく使うかという方法です。

私は学生時代に、簿記1級の資格取得を目指しました。

このとき「早起きすれば成功する」というような本を読み、奮起した私は朝5時に起きてファミレスに行き勉強しました。

しかし、眠くて眠くて、教科書を見ていても、ガクンと頭が落ちてしまい、まったく勉強が進みません。そのまま頑張って続けていれば、習慣になったのかもしれませんが、その前に挫折してしまいました。

この経験で私が学んだことは、結局、**「朝早く起きる」ことが本質ではなく、いかに長く続くような「仕組み」をつくるのか、ということが重要だということです。**

とくに私のように、根が怠け者の人間は、苦行のように自分をいじめて何かを頑張るスタイルはとても続けられません。

**そのためには、できるだけ、いまの生活スタイルを変えずにできる「仕組み」づくりが必要だということです。**

**たとえば、寝る時間や起きる時間はムリに変えない。**

起きている時間のなかでいかに、うまくやるかというように考えていったほうが、失敗がありません。

たとえどんなに効率的で素晴らしい時間の使い方を思いついたり、本で学んだとしても、それが自分にとって過剰な「負荷」をともなうものであったら、役に立たないものだと思ったほうがいいでしょう。

まずは、自分にとって**「負荷」をかけずに、いかに長続きする「仕組み」をつくるのかが大切です**。

貯金でいえば、毎月の給料のなかから、別の口座に一定額を天引きして振り替える、自動積み立ての「仕組み」をつくってしまう。そうすると意識しなくてもいつのまにかお金がたまっています。

これなら、「負荷」なく貯金ができます。

とにかく「継続するにはどうすればよいか」という発想をしましょう。

ちなみに私の場合は、7時間ぐらいは寝ないと、寝不足で頭がボーッとして、集中力や判断力が保てません。

ですから、「早起きは三文の徳」であることはわかっているのですが、寝不足はさけたいので、いまは朝7時や8時に起床しています。

その代わり、朝起きたら、すぐトップスピードでやるべきことに取りかかれるよう前の日のうちにノートに「ＴＯＤＯリスト」を書きだしてから、寝るようにしています。

# To Do リスト

項目はわかりやすいように箇条書きにし、大きな ToDo は小さな ToDo に分解する

タイトルと日付を記載する

期限があるものには日付を書く

終わった項目は赤線で消す

未実施の ToDo は翌日に繰り越す

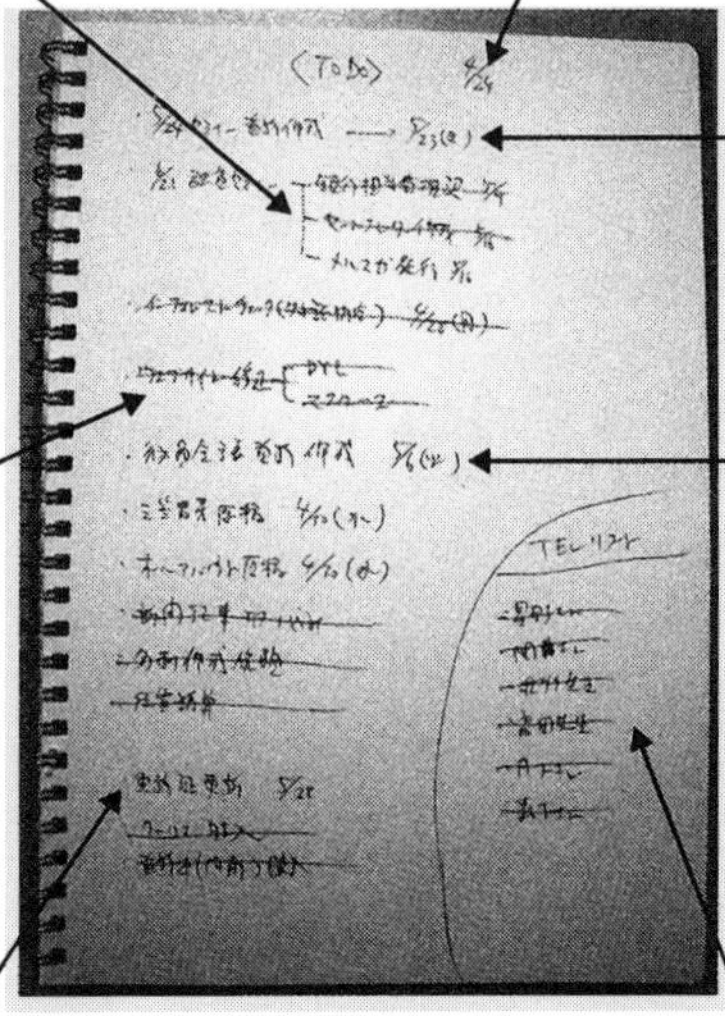

仕事だけでなくプライベートの買い物リストなども書く

電話リストはちょっとした空き時間やタクシーのなかで電話をかける

前日のうちに、次の日のToDoリストをノートに書きだしておく。ToDoは発生するたびにつけ加える

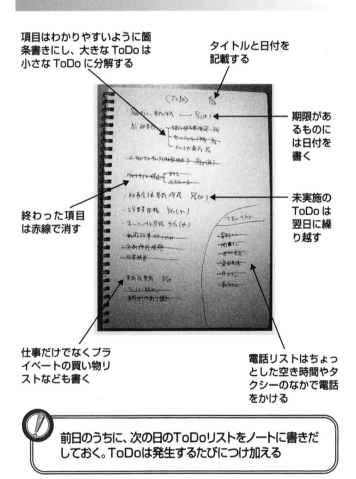

## ▼自分のゴールデンタイムを知る▲

あなたは、自分のゴールデンタイムを知っていますか？

**1日のなかで一番集中できる時間帯を私は、「ゴールデンタイム」と呼んでいます。**

これは、人によって違います。自分のゴールデンタイムを知ることは、とても重要です。

午前中に頭が冴《さ》える人と、午後からの人、夜に集中できる人などさまざま。

**自分の「ゴールデンタイム」はいつなのかを把握し、そこにぶつけて一番重要な仕事や勉強をもってくるといった時間配分の戦略も大切です。**

ちなみに私の場合、午前中が頭の一番冴えている時間帯なので、企画の立案や執筆など頭を使う仕事や、手間のかかる書類の作成、マーケットデータの分析などの緻密さを要求される仕事を午前中に片づけるようにしています。

すると、その日のうちにやらなければいけない大切なことは、だいたい午前中で終わってしまうので、精神的にもかなりラクになります。

午後は人と会ったり、出かけたり、商談や打ち合わせなどに時間を使い、夕方以降は、投資の相談に来られる顧客の対応をしたり、会食に出席したりしています。

そして、何かやらなければならないことができると、常にＴＯＤＯリストをノートに書きだしています。

睡眠時間を削って何かをするなどという発想をしがちですが、そんなことをしなくても大丈夫。

このように自分に合った時間＝自分の「ゴールデンタイム」を知って仕組みをつくれば、最高の時間を生みだすことができます。

# 私の1日のスケジュール

| | | |
|---|---|---|
| 7:30 | **起床** | |
| | **出かける準備** | |
| 8:00〜 | **駅まで徒歩10分** | 歩きながら海外相場情報を携帯電話で確認し投資会社に指示を出す |
| | **電車** | |
| 9:25〜 | **会社到着** | 歩きながら携帯電話でメールをチェックし、出社後に即レスの必要性の有無を判断 |
| | **午前中の仕事** | ☆ **ゴールデンタイム** ☆ |
| 13:00〜 | **昼食** | ランチミーティングがない日はデスクでサッとすませる |
| | **午後の仕事** | 打ち合わせ・商談・外出、会社帰りの顧客対応など |
| | **事務作業** | メールの返信や残務処理など |
| 20:00〜22:00 | **会食** | |
| 22:00〜23:30 | **電車** | 帰りの電車のなかでは、もっぱら読書 |
| | **帰宅** | 家族とのコミュニケーション |
| 24:30 | **就寝** | |

# 02 「環境」という仕組みをつくる

## ▼周りの環境をつくる▲

私の場合、集中してやらなければならないときは、ホテルやカフェにこもる、ということを習慣にしています。

**要するに外界からシャットアウトされた時間と空間を意図的につくり、集中するための「仕組み」づくりです。**

会社にいると、どうしても電話がかかってきたり、社員から相談されたりして、集中することができません。

意志が強い人であれば、それでも集中できるのでしょうが、私のような怠惰な人間にはとてもムリです。

でも、ホテルやカフェなら外界から遮断されていますし、やるべき仕事だけを持ちこめば他にやることがないので、「あれもやらなきゃ、これもやらなきゃ」と気が散ることなく集中して課題に取り組むことができるというわけです。

このように、自分にとってムリなく続けられる環境整備を考えることも、充実した時間づくりには重要なファクターになります。

## ▼自分を追いこむ▲

また、あえて自分を追いこむ環境をつくることもあります。これも、怠け者の私にとっては立派な仕組みです。

この方法がとくに効くのは、嫌なことをやらなければいけないとき。

「何日までにいったんお見せしますので」と人と約束をして、追いこんでいく感じです。忙しくないときも積極的に仕事を引き受けたり、見つけたりして、常に緊張のなかに自分を置くほうがいいでしょう。

**そして、「忙しいので、できません」とは絶対に言わないこと。**

私は、社員にも「できないとは言うな。どうやったらできるかを考えろ」と言っています。

また、**苦しい環境にあるときこそ、局面を打開する斬新なアイデアが生まれます。**

創造はリラックスしたときに生まれ、ブレークスルーは極限状態のなかから生まれる、というのが私の経験です。

時間をうまく使う能力は、自分をあえてキャパシティーのギリギリまで追いこむような環境に置き、極限状態を乗り越えてこそ磨かれます。

ゆるい環境にいては、能力は高まらないし、仕事への向上心や成長への欲求も失われます。

メジャーリーガーのイチロー選手もこんなことを言っています。

――「プレッシャーがかかる選手であることが誇りです」

**期待されているからプレッシャーがかかるということ。**

**プレッシャーのない生活はラクかもしれませんが、誰からも期待されていないとい**

**うことになります。**

追いつめられた緊張感や、プレッシャーは成長のために必要だと私は考えます。

# 03「効率化」だけが重要ではない！

## ▼目的とクオリティを考える▲

さて、時間術というと、必ず「効率化」や「生産性」の話が出てきます。
世間では何でも短時間で物事を終えるのがいい、という感覚があるようです。
その結果、あとで振り返ってみたら、「やるだけやったけど意味がなかった」とか、「もっと段取りを考えておけば、違ったことをやっていたのに」ということがよくあります。

**まずは目的とクオリティを考えて始めないと、単に短時間でやり終えてもムダになってしまうことがあります。**

たとえば、あなたが経営コンサルタントだとします。

クライアントから「中国に工場を建設し、中国市場に打って出る際の最も効率的なプランを提案してくれ」という依頼がありました。

さてこんなとき、あなたなら何から手をつけるでしょうか。

工場建設コストと予定月産目標から逆算して工場の規模を計算するかもしれません。あるいは、最も物流効率がよく地代が安い場所を探すかもしれません。

でも、本当に重要なことは「なぜ中国進出を目指すのか？」というそもそもの目的です。

中国に流通網をつくって販売を拡大したいのなら、もしかすると代理店や商社を使って商品供給するほうがいいかもしれません。

あるいは、タイやベトナムでもっと安くつくって輸入したほうが売れるかもしれません。

つまりは、**まず何が目的なのかを考えてやらねばならないということです**。

## ▼自分にとって充実した時間を生み出す▲

前述したように、私たちは「効率的」という言葉にとかく惑わされがちです。

時間をムダにしないように動き回り、少しでも効率よく進めることを目的にしてしまうと、肝心なことを忘れて行動し、「何のために」その仕事をしていたのかがおろそかになってしまいます。

その結果、**あまり重要でない仕事にあくせくと追われ、時間をムダにしてしまうことになりかねません。**

また、効率ばかりに目を奪われ、自分自身の満足度や将来それがどう結びつくかを考えておかないと、やはりムダが多い時間になることがあります。

私が外資系のコンサルティング会社に勤めていたときは、毎日午前2時、3時に帰宅するのは当たり前、土日も仕事という生活をしていました。

確かに収入は多かったのですが、自分のことをゆっくり考える余裕があまりありませんでした。

会社から与えられた仕事をいかに効率よくこなすか、という点では優れた時間の使い方をしていましたし、もちろん仕事も楽しく、充実はしていました。

でも、自分自身の将来のことを考えたとき、はたしてどうだったか、クエスチョンマークがつきます。

「効率化」は重要ですが、その前に、大前提として**「何のためにそれをやるのか」という目的とその目的達成に向けたクオリティを追求しなければ、上手な時間の使い手とはいえません。**

その先にある**最終目的は、自分にとって充実した人生につながっていくのかということ**です。

会社にとって効率的で生産性の高い従業員であることと、自分にとってそうであることとは必ずしもイコールでないことを、心しておかなければいけません。

# 04 時間をつくりだすとは、優先順位を変えること

## ▼本当にやりたいことなのか問いかけてみる▲

よく耳にするのは「忙しくてそんな時間はありません」という言葉です。「英語を勉強したいのですが、忙しくて勉強している暇がありません」「スキルアップのために読書をしたいのですが、仕事に追われて時間がありません」とか。

でも、もしあなたの親が病気で倒れたら、あなたはどうしますか？「忙しくて、病院に行っている時間はない」と言うでしょうか。誰でもすぐに飛んで行くはずです。

あるいは、宝くじの1等が当たっていて、今日が引き換えできる最後の日だとしたら、「忙しくてそんな時間はない」と言うでしょうか。

つまり時間が「ある」「なし」は物理的な問題ではなく、その人の心のなかでの優

先順位が高いか低いかの問題にすぎません。

**「本当にやりたい」のであれば、どんなことにも優先してやるはず。**

「時間がなくて、英語を勉強している暇がない」のは、「別にやらなくてもいいんじゃないの？」「優先順位が高くないからでしょう？」と言っているのと同じです。

## ▼時間が捻出できないものは必要ないもの▲

さてここで、私の知り合いの話をしましょう。

「アメリカのビジネススクールに留学してＭＢＡを取る」と言っているある男性がいました。

そのためにはＴＯＥＦＬでよい成績をとらなければいけない、ということでＴＯＥＦＬの勉強を集中的にするための学校に授業料をおさめました。

授業は週末に集中して行われます。

ところが彼は「週末も家に持ち帰って仕事をしなければいけないので、学校に行けない」と言うのです。

結局、払った授業料はほとんどムダになってしまいました。

「忙しい会社に入ったばかりに、キャリア形成ができない」と彼はこぼしていましたが、私に言わせればスキルを上げたいと思っても、その時間がないのなら、優先順位が低いということと同じです。

そもそも、ＴＯＥＦＬの勉強自体、彼にとってはやる必要がなかったのではないでしょうか。

「時間がない」という前に、それが「本当に自分がすること」なのか、「興味が持てること」なのか、「優先順位が高いもの」なのか、考えてみる必要があります。

なんとなくの憧れで留学や語学習得を目指しても、そのための時間が捻出できない程度のものなら、自分にとってあまり必要がないもの、といえるのではないでしょうか。

# 05 「緊急度」より「重要度」を優先する

## ▼座標軸に当てはめて考える▲

もともと人間は怠け者ですから、本当にやらなければいけない優先順位が高いことでも後回しにしてしまいがちです。

あなたも遊びや合コンなどを優先してしまうことがあるのではないでしょうか。人によっては何を一番優先したらいいのか、わからない人もいるかもしれません。

そうならないために、いま抱えている問題を**座標軸に当てはめる考え方**をおすすめします。**座標軸の縦軸を「緊急度」**として、高い、低いに分けます。

**横軸は「重要度」**にして、やはり高い、低いに分けます。

まず「緊急度」が高くて、「重要度」も高いAゾーン。

これは優先順位が最も高いことがわかるので、誰でも最初にやります。たとえば、

# 座標軸に当てはめて優先順位を考える

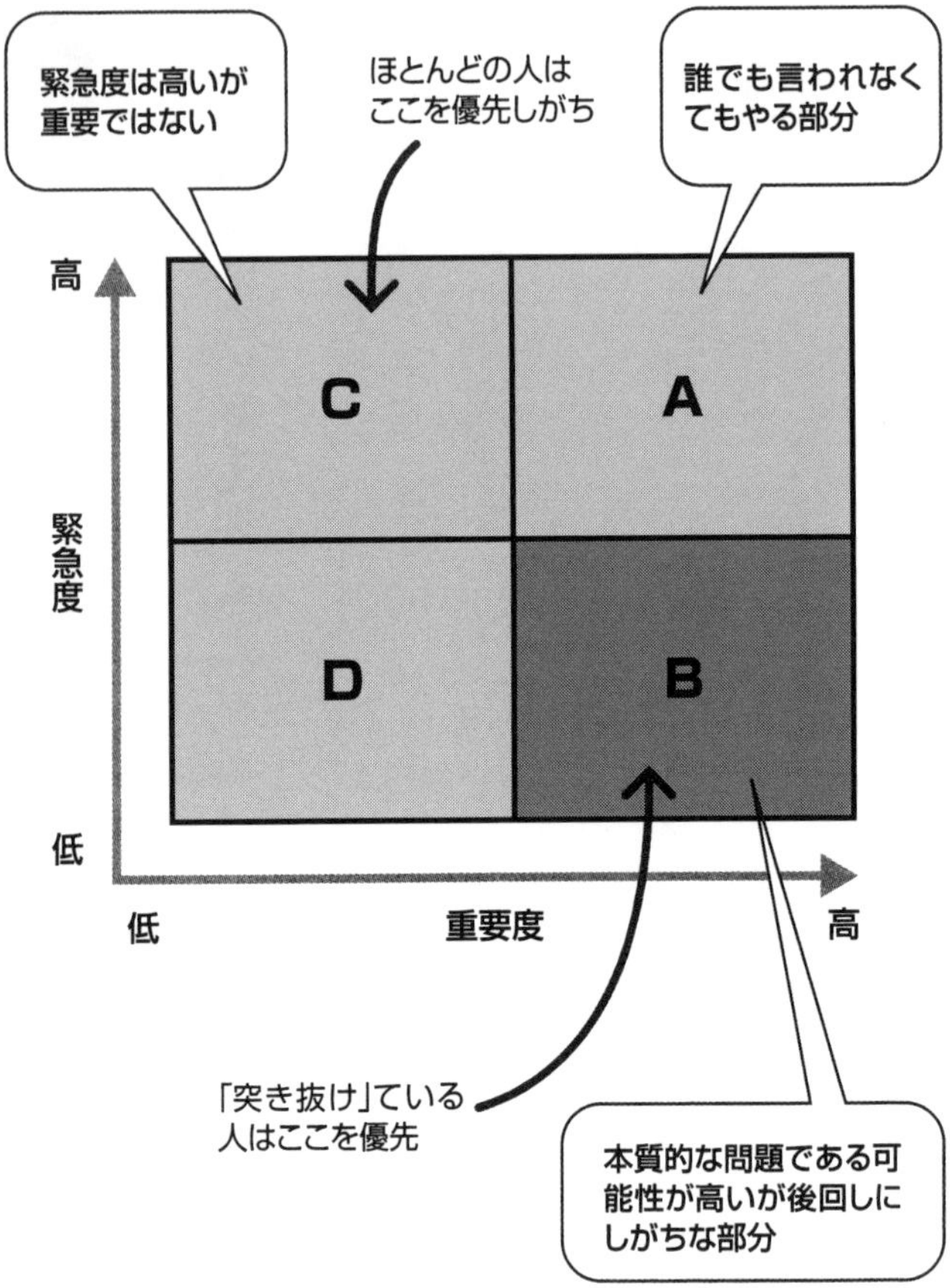
緊急度は高いが
重要ではない
ほとんどの人は
ここを優先しがち
誰でも言われなく
てもやる部分
高
緊急度
低
C
A
D
B
低
重要度
高
「突き抜け」ている
人はここを優先
本質的な問題である可
能性が高いが後回しに
しがちな部分

「クレームが来たからすぐ対応」などがここに当たります。

その次に皆がやるものは、とかく「緊急度」が高くて、「重要度」が低いＣゾーン。

これは、「メールが来たからすぐ返事」といったことなどです。

では、本当に優先順位の高いものはどこに当たるかというと、それは**「緊急度」は低くても「重要度」が高いＢゾーンにある事柄です。**

## ▼緊急度が低いものほど、重要度が高い▲

Ｂゾーンには、たとえば自分の5年後、10年後を考えて、「自分の生き方を考える」といったことが入ります。

「5年後に、自分は何をして稼いでいるのか」「いまの仕事をそのままやっていて、将来、本当に幸せなのか」「家族が増えたとき、幸せにできるような環境をつくっておけるのか」ということは、実は本当に優先順位が高いことです。

**でも私たちはそれを後回しにして、それより「緊急度」の高い目先のことを優先しがちです。**

たしかにＢゾーンの事柄は、緊急性はないので、いまやらなくても問題はありません。それより目先の仕事を頑張っていれば、スキルは上がるし、給料ももらえるので、一日一日はしのげます。

だからとりあえず、Ｂゾーンより緊急性のあるＣゾーンを優先してしまいます。

でも、こういうことが将来ボディーブローのように効いてきて、20年、30年経ったあとに「あ、しまった」「もう手遅れだ」ということになりかねません。

**「自分はいま、何をやるべきなのか」というBゾーンの事柄を、常に意識の片隅に置いておくだけでも、これからの人生が違ってきます。**

そうすれば、日々の忙しさにまぎれて、本当に大切なことをどんどん忘れていってしまうということが防《ふせ》げるのではないでしょうか。

# 06 「時間密度」という発想を持つ！

## ▼集中すべきときに、集中すべきものをやる▲

私がコンサルティング会社に勤めていたときのことです。

クライアント企業に、毎朝定時に出社して、必ず新聞を広げ、コーヒーを飲んで、30分～1時間経ったところで、ようやく仕事に取りかかるマネージャーがいました。

その結果、残業になってしまうという、なんとももったいない時間の使い方を彼はしていました。

ここで、私が言いたいことは**「時間密度」という発想を持つ**ということです。

「密度」といっても、なにも「24時間すべてみっちり詰めこむ」のではありません。

「集中できるときに、集中してやるべきことをやる」という意味です。

それさえできれば、あとは気を抜いて、流していてもいい、というのが「時間密度」

の考え方です。

「残業」を例にとると、本当に忙しい人を別にすれば、その人の考え方次第で時間のあり方も違ってきます。

「残業をしないで、サクッと帰ろう」と思えば、昼間の時間の密度が濃くなります。でも、夕方5時過ぎてから、「まだこれからひと仕事しよう」と思えば、タラタラとした時間の使い方になってしまいます。

その結果、長時間労働になりますが、その分、いい仕事ができるのかというと、それほどでもありません。


私の場合、本を執筆するときも、集中してワッと書いたほうが、タラタラと時間をかけて書いたときより、いい文章が書けます。

企画書も、あれこれ迷いながら書いたときより短時間でまとめたほうが、説得力のあるものができ上がります。

## ▼集中力が時間密度を高める▲

つまり**「時間密度」という発想を導入すると、「スピード」と「クオリティ」が両立できます。**

「早かろう、まずかろう」ではなく、「早くて、うまい」が実現するわけです。

「クオリティ」を上げるためには、時間をかけるのではなく、「時間密度」を上げる方向にもっていくということです。

しかし、そのために絶対に必要なことがあります。

それは**「集中力」**です。

「集中力」がなければ、時間の「密度」を高くはできません。

**「時間密度」を上げるために欠かせないエンジンが「集中力」といえるでしょう。**

## ▼「期限」「目標」「睡眠」が集中力を高める3大要素▲

イギリスの音楽評論家のアーネスト・ニューマンはかつて、こんなことを言ったそうです。

――「偉大な作曲家たちは、意欲がわいたから作曲に取り組んだのではなく、取り組んだから意欲がわいたのだ。ベートーベン、バッハ、モーツァルトは、毎日来る日も来る日も、作曲に取り組んだ。彼らはインスピレーションがわくまで待って、時間を無駄にするようなことはしたくなかった」

**つまり、まず取りかかってみる、ということが必要だということ。**

やり始めたら、なんだかノッてきた、という経験は私でもあります。しかし、そうは言ってもやはり集中できないときもあります。

では、どうやって「集中力」を高めたらいいのでしょうか。

まず、**重要なのは、「期限を区切る」ことです。**

これは「スピード」とも関連しますが、「いつまでにこれをやる」と期限を区切らないと、ダラけてしまいます。「5時までに終えよう」「月曜日までに仕上げよう」と自分で期限をもうけることが大切です。

また**「目標を明確にする」ことも重要です。**

「何のために」「なぜ」「自分はこれをやっているのか」、目的をはっきりと意識することで、モチベーションが刺激され、「集中力」が高まります。

たとえば、受験生ならば志望校の写真をポケットに入れて持ち歩いたり、車や家などの欲しいものの写真を飾って目標を達成する人も多いと聞きます。その際、ややハードルを高くすると、より頑張ろうという「集中力」が上がるそうです。

そして、「集中力」を上げるために、もう一つ大切なことがあります。

**それは睡眠です。**

「なあんだ」と思いましたか？

でも、集中したいときに、睡眠不足ほど大敵はありません。

寝不足で頭がぼんやりしているときは、どんなに強固な意志をもってしても、「集中力」は高まりません。「集中力」を上げて、**「時間密度」を高める最も重要な鍵は、「睡眠」が握っています。**

だから私も1日7時間は寝るようにしています。

# 時間密度を手に入れるために

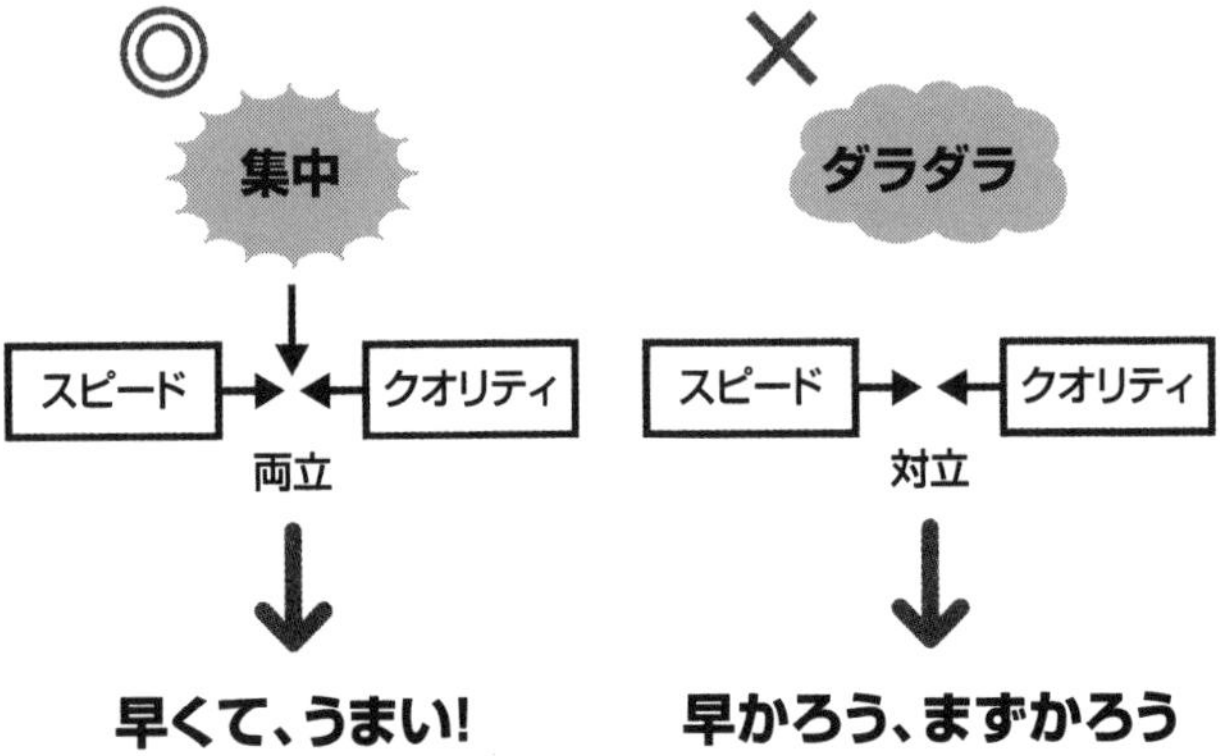


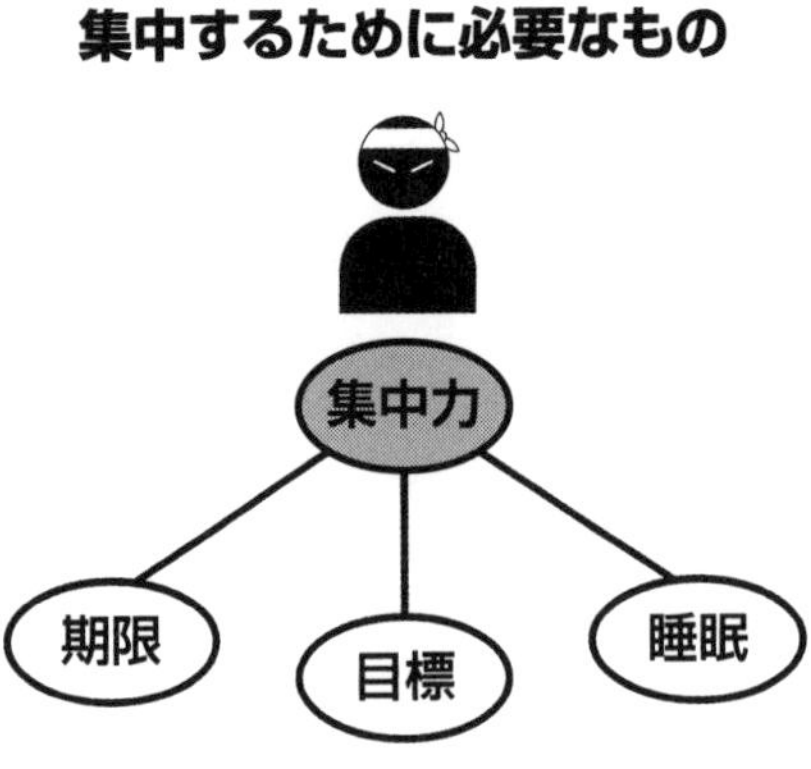

# 07 直列思考と並列思考を使い分ける

## ▼時間を３倍に上げる並列思考▲

さて、次に時間を生みだす思考法をお伝えしましょう。

たとえば、家事をするとき、掃除機をかけてから洗濯機を回すか、洗濯機を回しながら掃除機をかけるかで、家事に要する時間は大幅に変わります。

これと同じで、業務日報を書いてから、明日の会議の資料をコピーすると、コピー機の前で待ち時間が発生しますが、コピーをかけてから業務日報を書けば、日報を書き終わったころにはコピーも終わっています。

これを私は**「並列思考」**と呼んでいます。

要するに〝ながら〟の技です。

「並列思考」を使えば、時間を二倍にも三倍にも膨らませることができます。

「並列思考」で考えると、移動時間はただ移動にだけ費やすのではなく、本を読んだり、パソコンで企画書をつくったり、同時並行で他のことをする時間になります。また、本も1冊だけでなく、複数の本を同時に並行で読めます。

私の場合、カバンのなかにいつも本が数冊入っていて、そのときの気分や状況に合わせて、適宜選択できるようになっています。

**複数の本を読むことで、化学反応が起きて、思わぬ発想が生まれたりします。**

たとえば、長期の休暇が取れるときは世界経済に関する本を何冊か同時並行で読み、エッセイもかなり乱読したりします。エッセイは同じ事柄でも、それぞれの作者の考え方にふれることができます。

「あ、そういう見方もあるな」と新しい「気づき」が生まれて、自分の思考が広がるのです。

**会社の事業に関しても「並列思考」です。**

私は不動産の会社ともう一つまったく分野の異なる企業を経営し、いろいろな種類の本を執筆し、Ｗｅｂでも連載を持っています。

そして、個人投資家としてもＦＸや商品先物取引を行っているため、次々に思考を切り替えて意思決定し同時に進めています。

## ▼ノッて集中しているときは直列思考▲

これに対して、**一定の時間に同じことを集中してやるのは「直列思考」です。**

たとえば、この時間は伝票入力を一生懸命やろうとか、この時間は原稿書きに集中しようとか、この時間はメール返信に費やそうなどと、あることを集中してやるのが「直列思考」です。

ノッているときは、「直列思考」でやること。

就業時間を過ぎていても、休日であっても、締め切りがかなり先であっても、徹底的に「直列思考」でやりましょう。

**ノッているときに進めてしまえば、〝時間の貯金〟ができるので、あとがラクです。**

## ▼時間にもレバレッジをかける▲

さらに時間にレバレッジをかけるという発想も大切です。

「レバレッジ」とはテコの原理のこと。

テコは小さな力で大きなものを動かせます。

たとえば、少ない資金で大きなお金を動かすことを「レバレッジをかける」と呼び、投資の世界でさかんに使われるようになりました。

FXは、この「レバレッジ」を使った外国為替証拠金取引のことで、普通の主婦が何億円もの利益を稼ぎ、話題になったこともありました。

この**「レバレッジ」は時間にも適用できます。**

**同じ時間でも、「レバレッジ」をかけると、成果を何倍にも増やすことができます。**

その具体的な方法は「人を巻きこむ」ことです。

一人でやることには限界があります。でも一人でやれば24時間かかることも、二人でやれば12時間でできます。

# 並列思考と直列思考

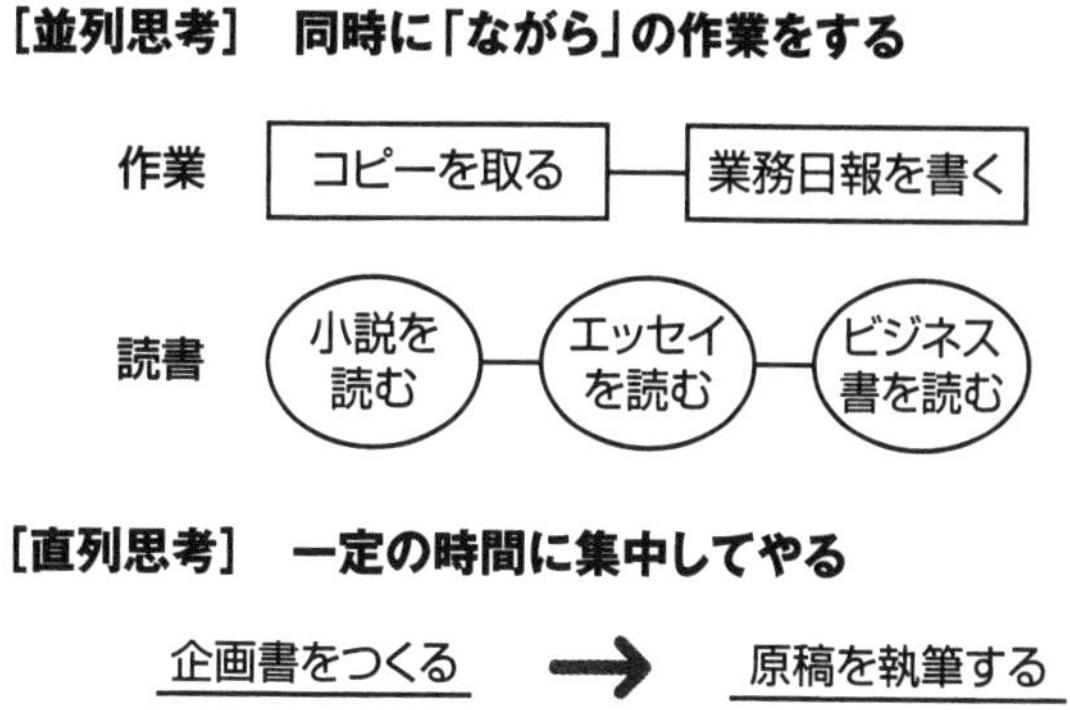


自分一人ではできないことが、「レバレッジ」をかけると何倍もの仕事力となり、目標を早く達成することができ、余った時間を別のことに使うことができるのです。

もっと突き抜ける！　①

# すべてにおいて先手を打つ

### スケジュールはこちらから決める

スケジュールを決めるとき、相手の返答を待っていると、相手の都合に振り回されてしまいます。そのため「先手必勝」で、「この日とこの日が空いています」と自分から先に相手にスケジュールを投げておきましょう。そうすると、こちらの都合のいい時間で決められるので、自分の思う通りに時間が使えます。

### イエス・ノーの返事はすぐにする

仕事の依頼の返事はすぐすることで、相手から感謝されます。何か頼みごとをされたときは、とりあえず「イエス」でも「ノー」でもいいので、すぐさま返事をしましょう。相手にも予定があるので、遅いと迷惑をかけます。時間をかけたあげく「ノー」だったら、相手は「断るんだったら、早く言ってくれ」と思うでしょう。また、「イエス」だとしても時間がかかると、「あまりやりたくないのかな」と思われ、何をやっても結局はマイナスになってしまいます。

### 返事力とは決断力

返事の素早さは決断力ともイコールです。日常の仕事で意思決定が遅い人は、何につけても遅い。すぐに決断して行動に移れば、間違いにも早く気づき、軌道修正する時間も生まれます。決断を先延ばしした結果、あとで火を噴いて、火消し作業に余計な時間を取られるのもこのパターン。決断の遅さは時間をも奪うので、注意しましょう。

# 第2章

# ムダな時間を有効に変える！

# 01 細切れ時間をつくらない行動を心がける

## ▼移動時間も仕事時間に変える▲

時間術の本を見ると、たいてい「細切れ時間をうまく使う」と書いてあります。確かに、日常のなかでは細切れ時間がたくさん発生します。これを積み重ねると結構な時間になります。

だからこそ細切れ時間をどう使うかが、ポイントになるわけです。そのため、私は「そもそも細切れ時間をつくらない」という発想をしています。

たとえば、電車に乗って移動するとき、乗り換えが多いと細切れ時間ができてしまいます。5分か10分電車に乗ったかと思うと、すぐまた降りるといった時間では、ほとんど実のあることはできません。

そんなとき、私はタクシーに乗ります。

タクシーのなかで取引先に電話をすれば、重要な相手とじっくり話ができますし、うまくいけば何本かの用件を片づけることができます。

こうすると細切れになるはずだった移動時間が、タクシーという交通手段に切り換えることで、有意義な時間に変わるわけです。

**お金がもったいないと思うかもしれませんが、お金はあとでいくらでも取り戻せます。でも、時間は取り戻せません。**

どちらをムダにするともったいないかは、明らかです。

とにかく、細切れ時間をつくらないためには、どうしたらいいか。そのことを常に考えながら行動すべきです。

## ▼訪問先には30分前に到着する▲

移動に関して言うと、私はアポイント先には、**遅くとも30分から1時間前には到着して、近くのカフェに入ります**。そうすると、まとまった時間が取れるからです。

短い原稿なら1本書けてしまいますし、企画書をまとめることもできます。

先方に30分前に着くためには、会社をそれだけ早く出なければならないのですが、出発時間を気にしながら会社で過ごす30分より、目的地近くのカフェで過ごす30分のほうが集中度が高いというメリットがあるからです。

それに余裕を持って出かけることで、道中でも落ち着いて何かができます。

たとえば、電車のなかで資料を読みこむことができます。

でも、ギリギリに出発すると、「遅れるかもしれない」と時計を見ながらパラパラするので、何も手につきません。


時間に間に合ったとしても、5分や10分前に着いてしまうと、「ちょっと早すぎるな。5分くらいコンビニに入って時間を潰すか」ということになり、雑誌を立ち読みするくらいのことしかできません。

細切れ時間ができてムダになってしまうのです。

**早めの出発、早めの到着は、細切れ時間をつくらない観点からもおすすめします。**

## ▼どこでも時間を有効に使えるように準備をしておく▲

それでも、やはり細切れ時間は発生します。

そのため私は、TODOリストを書いているノートと同じノートに電話リストを書きだして外出します。ちょっと空いた数分やタクシーのなか、会社から駅までの歩いている間に電話ができます。

ノートには日々の買い物リストも書いているので、外出のついでにリストアップしている本や雑誌を書店に行って買うとか、また駅で時間が空けば、こまめにスイカをチャージするようにしています。残高不足で改札でひっかかったりするのは人に迷惑をかけますから。

仕事のメールは携帯電話でも見られるようにしているので、ちょっと時間があればいつでもチェックできます。歩いている最中にチェックし、必要ならばすぐに電話をかけます。

## ▼思考ノートを持ち歩き、図式化して考える▲

このTODOや電話リストを書きだしているノートを私は**「思考ノート」**と呼び、常に持ち歩き、スケジュール以外のすべての情報はこのノートに集約しています。

考えを整理したり、発展させたり、記憶を定着させたいときなどに使っています。

**大きさはよくあるA4サイズではなく、B5サイズです。**

# 思考ノート

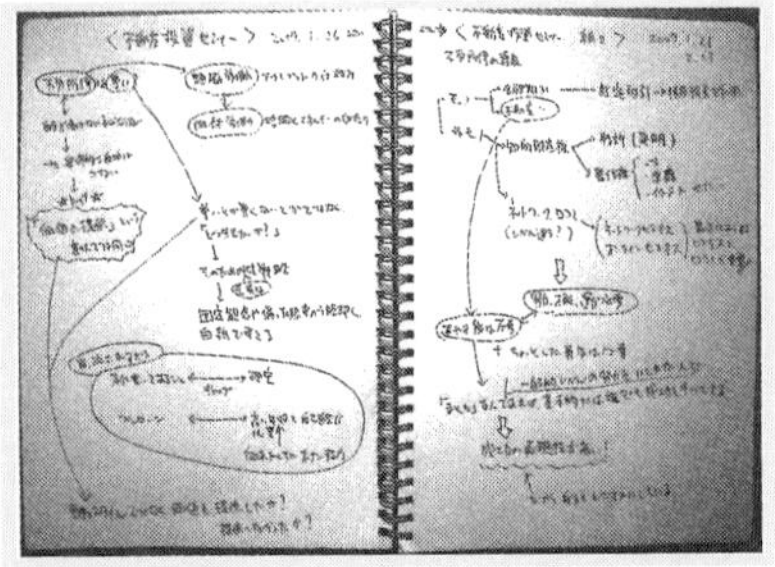

## すべての情報は1冊のノートにまとめる

なぜその大きさにしたのかというと、紙面は広いほうが思考の発展を妨《さまた》げず奔放に書けますが、大きすぎるとポータブル性や取りだしやすさに欠けるためです。

頭のなかの考えは、文字だけより、イラストにしたり、図式化したほうがわかりやすいもの。

私のノートを見ると、文章よりもキーワードを中心に矢印やイラスト、フローチャートのようなものが並んでいます。

脳神経回路のニューロンのように、思考の流れを矢印で関連づけたり、あとで見返しては思い浮かんだ発想をどんどんつけ加えて発展させています。

**自分が大事だと思ったところはマルで囲**

**んで目立たせたり、そのときの感情を書いておくと、見返したとき書きこんだ当時のことを鮮明に思いだせます。**

なおページの頭には日付とタイトルを入れておくと、検索性が高まるのでおすすめです。

他人から見ると、意味不明のノートですが、私の頭の中身がそっくり反映されたものですから、自分にとっては貴重なものです。

この「思考ノート」は、相手に何かを説明するときにも役立ちます。

打ち合わせなどで、なかなか意図が伝わらないときは、ノートを広げて図を描き説明すると説得力が増します。

## 02 通勤で往復2時間は悪か？

### ▼通勤時間もムダにしない▲

通勤時間が長い人は、非常に有効な時間を持っている人、といえます。

たとえば、通勤に往復2時間かかる人がいたとして、その時間をキャリアアップのための勉強や仕事の準備に使うとします。

**1日2時間の通勤時間ですから、1ヵ月で40時間、1年で480時間も人より多くの時間があると考えることができます。**

**このアドバンテージを生かさない手はありません。**

遠距離通勤、バンザイです！

事実、私の知り合いで、埼玉の熊谷から東京まで通う往復3時間の通勤時間を利用して、宅地建物取引士と中小企業診断士の資格を取ってしまった人がいます。

いまその彼は外資系の不動産会社に転職をし、首都圏を統括するリーダーとして頑張っています。

**何を隠そう、私も千葉から都心にある会社まで往復2時間かけて通っています。**

「通勤時間は片道1時間です」と言うと、「けっこう遠いね」と言われますが、私にとってはまったく不便なイメージはなく、むしろ自分一人の時間が確保できるので、非常に重宝しています。

都心に住むと、住居費は今の約二倍になります。車を持っている人ならば駐車場代を入れれば、さらにコストアップします。でも郊外なら非常に安く、都心に住むより一〇万円は節約できています。

自己投資に回せるお金も、人よりも格段に増やせるのです。

## ▼時間帯をズラして通勤する▲

私の場合、通勤時間帯を少しズラして、いわゆるズレ勤というものをしています。

私が乗るころは、ラッシュのピークがやや過ぎているので、それほどは混んでいません。

しかも、二つ先の駅まで行くと、始発電車が出ていて、そこで降りて1本待つと座れます。急いでいるときを除けば、たいてい始発を待って座って行くことにしています。

そして、本を読んだり、原稿を書いたりしています。

**私にとっては通勤時間帯から、一〇〇%仕事が始まっているわけです。**

電車のなかでは携帯ゲームをしていたり、目をつぶって寝ている人もいますが、どうせ通勤時間が長いなら、うまく活用しない手はありません。

**都心まで約1時間。**

**でも、20日通えば往復で40時間。1年経てばもっとすごい時間です。**

その時間にゲームをして過ごすか、自分のために使うのか。

あなたはどちらを選びますか?

「電車のなかもオフィス」と考えれば、通勤時間に2時間かかる人は、人より2時間多く仕事ができる時間があることになります。

オフィスに着いたときは、もう完全にエンジンがかかっているので、いきなりトップスピードで仕事が始められます。

# 03 「悩む」はムダ。妄想のオバケを飼育しない

## ▼低い確率を膨らませない▲

さて、ここでは「悩む」ことがどれだけムダなのかをお話ししましょう。

私は不動産コンサルティングの仕事をしていますが、お客さまにはいろいろな方がいます。

よくいるのは「不動産を買っても、もし大地震で壊れたらどうするんですか？」と聞いてきて、買うか買わないか悩んでいる人です。

もちろん、その可能性はゼロではありません。

そこで、私はこう聞きます。

私「あなたは飛行機に乗ったことがありますか？」

客「もちろんありますよ」

私「なぜお乗りになるんですか？　飛行機も落ちますよ」
客「でも、落ちる確率は低いから」
私「大地震だって、同じじゃありませんか？」

そうなのです。

**どんなことも心配して悩み始めると、キリがありません。**

私たちは、日中、堂々と道を歩いていますが、それは安全だと思っているからです。でも、１００％安全かといえば、そうではありません。

車にはねられるかもしれませんし、通り魔に襲われるかもしれない。上から何かが落ちてくるかもしれません。

でも、その確率は低いと判断しているから、外を歩けるのです。

結局、その低い確率をどうとらえ、どう意思決定するかは、その人の思考次第といえます。

リスクに対する許容度や耐性が低い人は、恐れやリスクを自分のなかでどんどん膨張させて自滅する傾向があります。

# 妄想のオバケを育てない

たとえば、起業しようとする人がいます。

でも、心配性の人は「もし起業に失敗したらどうしよう。家族が路頭に迷ってしまう」と悩みます。

「リスクが大きすぎて、とてもムリ」というわけです。

ちょっと待ってください。いまの日本で家族が路頭に迷うことなど、本当にあるでしょうか？

**あなたは路頭に迷っている家族を見たことがありますか？**

新聞の折り込みの求人広告には求人がたくさん載っています。

つまらないプライドを捨てて、どんな仕

事でもやる覚悟があれば、職にありつけるでしょう。

朝も夜も働けば、月30万円以上は十分稼げるはずです。

自分から望まない限りにおいて、いまの時代ホームレスになることはありません。

家族が路頭に迷うことなどないのです。

## ▼視点を転換させて悩みを払拭する▲

あるいは、こんな人もいます。

「この商品を開発して、もし売れなかったらどうしよう」

でも、そんなことは誰にもわかりません。

**売れるか売れないかは、やってみなければわからないのです。**

**なのに、「売れなかったらどうしよう」というマイナスの方向にフォーカスしてしまうと、「行動」にブレーキをかけてしまいます。**

ほとんどの悩みは、自分のなかで妄想を膨らませているだけで、大して根拠のないものです。妄想を大きくする前に、とらえ方を変える。つまり視点を転換させることが重要です。


視点を変えることについて、有名な話があります。

ある靴メーカーの社員がアフリカに市場調査に行きました。


一人の社員は本社に戻って、深刻な顔で、こう言いました。

「部長、ここは誰も靴を履いていません。マーケットはまったくありません」

もう一人の社員は、意気揚々と帰ってきました。

そして、こう報告したのです。

「部長、ここの人たちはまったく靴を履いていません。ものすごく有望なマーケットです」

どちらの営業マンがより多くのチャンスを手にすることができるでしょうか。


**同じ現象を見ても、その人のとらえ方によって、見方が一八〇度変わってしまいま**

す。「悩み」など、せいぜいその程度のもの。

妄想に振り回されて余計なことを考えているのは大損です。行動が鈍り、その分、時間がムダになります。

妄想のオバケを育ててはいけないということです。

# 04 上司や部下と一緒に移動してはいけない

## ▼現地集合・現地解散を原則とすべし▲

あなたは上司や部下と取引先に行くとき、一緒に会社を出ますか？

道中はどんな話をするのでしょうか？

今日の商談のための準備であれば、もちろん意味があるのですが、「最近、寒いね」とか「お宅のお子さんは元気？」といった話題であれば、あまり意味がありません。


単なる場をつなぐための会話は基本的にムダです。

人と一緒だと、自分だけ勝手に本を取りだして読むわけにもいきませんし、企画を練ったり、パソコンで資料を整理したりといったこともできません。

**ですから私は取引先に行くときは、必ず「現地集合・現地解散」を原則にしています。**

出かけるときは、何か用事をつくって先に出ますし、帰り道も「ちょっと銀行に寄ってから帰ります」と、**あえて時間をズラすことで、移動の時間を完全に自分の時間にしています。**

とくに私が出張に行く場合は、「現地集合・現地解散」が鉄則です。

新幹線の席に並んで座って3時間、隣同士でしゃべっていくほど、ムダで疲れる時間はありません。

私は札幌や大阪によく行きますが、部下と一緒に移動するときはすべて席は別々、チェックインもバラバラにしています。

**世間では一緒に移動するのが普通ですが、それはあまり意味がない単なる「習慣」にすぎません。**

私の場合はそれを逆手にとって、「あの人は、現地集合の人なんだ」と周囲に思いこませ、「習慣」をつくってしまいました。

## ▼待ち合わせは「改札」でするな！▲

私は「現地集合」を徹底している、と言いました。

**その場合の待ち合わせ場所ですが、改札やビルの前といった外での待ち合わせを私**

**はしません。**

なぜかというと、外で立ったままだと、待ち時間中に他のことができないからです。

反対にこれが、**カフェやシティホテルのラウンジなら。テーブルに資料を広げてゆったり仕事ができます。**

前にも言いましたが、私は待ち合わせ場所に30分から1時間前には到着しているので、それだけの時間があれば、ひと仕事を片づけられます。

どの場所なら、どのファミレスやどのカフェがあって、営業時間は何時から何時までといったリストも私は充実させていて、主要駅に関しては、ほぼそのリストがあります。

よく利用するのは、主要駅近くにあるシティホテルのラウンジやファミレス、スターバックスなどのコーヒーチェーン店です。

また、マクドナルドやモスバーガーは、店内でコンセントが使える店が多くバッテリーの心配がいりません。

こうしたことを押さえておけば、快適なオフィス環境がどこででも手に入ります。

# 05 「適当」のすすめ

## ▼細部の数字やデータを追い求めるのはムダ▲

**仕事をしているとき、細部の正確さにこだわって時間をかけていると、本質を見誤ることがあります。**

よくありかちなのが、企画書をつくったり、データの分析レポートを作成しているとき、細部の数字やデータを追い求めすぎてしまうことです。

しかし何かの意思決定がされる重要な会議で、そのとき提出される資料の「成功確率」が八九％なのか、九一％なのかはあまり関係がありません。

かりに数字が二％違ったとしても、二％違うからといって提案された企画を「やる」とか「やらない」といった大きな意思決定が左右されることはありません。

**つまり結論に関係しないような、小さな部分にこだわって時間をかけたところで、ムダだということ。**

これは私が外資系のコンサルティング会社で働いていたときに感じたことです。

全体の戦略を練り、ビッグピクチャーを描くときに、マーケットの変化で、〇コンマ何％の数字が違っていたとしても、どうでもいいことです。

細かく分析するあまり、本質とは関係がないところで時間を使いすぎてしまい、本来かけるべきところに時間がかけられないまま、タイムオーバーになってしまったとしたら、それは本末転倒です。

財務の資料なら、確かに最後の一円まで数字が合わなければなりません。

でも、全体の意思決定をするような大きな局面や、〇コンマいくつまで追求する必要がない資料の場合は、思いきって「適当」に切り上げる見切りも大切です。

私自身は簿記1級と米国公認会計士の資格を持っており、数字に関しては非常に厳密だと思われていますが、**実際、経営する立場になってみると、何千何百何十円という数字などどうでもよく、もう何百万円単位でわかっていれば十分です。**

## ▼きれいな企画書はいらない▲

数字だけではありません。

企画書や見積書をつくるときも同様です。

**私は取引先に見積もりをだしてもらうときも、「きれいな報告書はいらないから、とりあえず早く出してください」といいます。**

カッコよく、きれいに出すとなんとなく説得力があるように見えるのですが、そんなことはこの場合どうでもよく、意思決定のためにも「とにかく早く」を優先してほしいのです。

企画書も、見栄えよりも内容です。

エクセルできれいな表をつくったり、ワードの文字をいろいろ変えてつくったり。しかし、体裁に時間をかけても本質的な付加価値向上にはつながりません。

私のセミナーの資料は、メッセージの箇条書きです。はっきり言って全然カッコよくありません。

それよりも内容のブラッシュアップに時間をかけています。

受験勉強でも、これは同じことが言えます。五〇点を八〇点にするのはそれほど難しくありませんが、八〇点を一〇〇点にするのはものすごく大変です。

でも、実は八〇点で合格であれば、もうそれ以上の努力は時間対効果が低いので、見切ってもいいのではないかと思います。

**完璧を求めず、「本質を追求しろ」ということです。**

# 06 まずはひと通り、全体をやるのが先

## ▼いったん最後まで終わらせる▲

先ほども言いましたが、物事の完璧にこだわっては時間のパフォーマンスが下がります。

**「適当」に見切りをつけて、スピードを重視したほうが、細部にこだわって「完璧」を求めるより多くのメリットがあります。**

いろいろな人からフィードバックがもらえる点もその一つです。

早く終わらせれば、その分、中身を確認したり、修正する時間の余裕ができます。結果的にそのほうが、最初から「完璧」をねらうより、クオリティの高いものになります。

私が前に勤めていたコンサルティング会社では、毎日チームミーティングがありま

した。

そこでは自分の手がけた案件のレポートをプレゼンしなければなりませんでしたが、最初から「完璧」な状態で進めていると、「間に合うかな?」という時間との兼ね合いにハラハラしていました。でも、そんな心理状態ではよい戦略は描けません。

完璧に進めようとすると、本当に重要な部分のクオリティがいい加減になってしまうことが間々《まま》あって、そのとき私は「いったん最後まで終わらせる」ことを学びました。

そうすれば、「一応できている」という安心感があるので、そこから中身のブラッシュアップに専念できます。

## ▼仕事を三回するイメージで▲

企画書などに関して言えば、「三回やり直す」というイメージでやってみると、かなり完成度の高いものがつくれます。

**一回目はとりあえず、最後までザッと終える。**

怒られない程度の粗さでいいでしょう。

そして、上司や周りの人のフィードバックを受けて、もう一回つくり直す。

最後は自分が納得するまでブラッシュアップします。

**とにかく、仕事を三回するイメージでスケジュールを組んでおくと、結果的にクオリティもスピードも同時に上がっていくことになります。**

全体を三回もやっていますから、そのことについては自分もかなり詳しくなっています。

最初から一回しかやらないより、ずっと説得力が増します。

## ▼原稿は箇条書きから始める▲

この方法は他でも利用できます。

たとえば、**原稿を書くとき、私の場合はまず箇条書きで言いたいことをバーッと並べます。**

次にその一つひとつの項目についてザックリ文章を書いていきます。

最後に順番を入れ替えたり、つなげたりしながら、直していくという作業をします。

セミナーの資料もパワーポイントでつくりますが、まずタイトルだけを入れたものを最後までつくり、それから中身を埋めていくのです。

# 書類づくりも3回書き直すイメージで

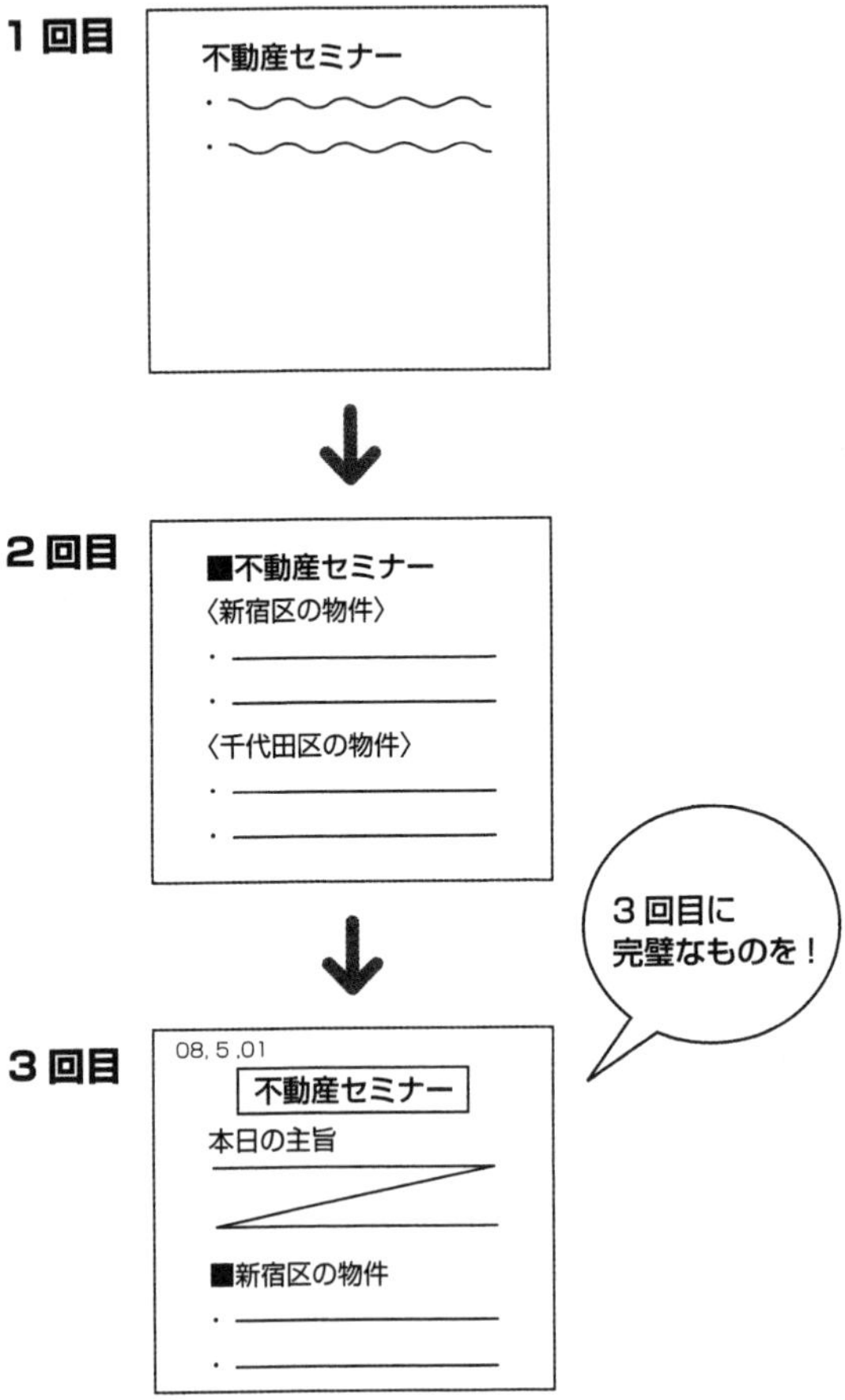

とにかくザーッと全体を見通して、それから中身を一つひとつ見直して、肉づけしながら書いていくと、ボリュームがあるところとないところに気づいたり、新しいトピックを思いついたりします。

**まず全体像をつくることが大事だということです。**

# 07 飲み会を「金会」に変える方法

## ▼飲み会は毎回違う人と▲

ノミニケーションは人脈づくりに欠かせないと私は思っています。

しかし、会社の同僚と飲みに行って、いつも上司や会社の悪口ばかり言っているような飲み会は、行かないほうがマシです。

飲み会というとだいたい夜7時から飲み始めて、夜中過ぎまでぐらいですから時間にして5~6時間でしょうか。

冷静に考えると、バカにできない長さです。

**そこで私は飲みに行くなら、毎回違う人と行くようにしています。**

お客さまや取引先など、同じ人と飲みに行く場合でも、そこにまったく違う人を呼ぶのです。

「今日は、こんな人をつれてきました」と、新しい人を紹介すれば、相手にとってもネットワークが広がってプラスですし、相手にも新しい人をつれてきてもらうと、お互いに新鮮な話題や議論が生まれて、学びの場が広がります。

**とにかく飲み会そのものを「ムダ」と否定するのではなく、いかに自分の肥やしにできるよう工夫していくかが大事です。**

## ▼一緒に飲むなら前向きな人と少人数で▲

つれていくのは、前向きな人がいいでしょう。

新しい事業の話をしようとしているのに、「そんなのは全然ダメだ」などと言われると、盛り下がってしまいます。

毎回、違う人をつれていくのは、ハードルが高い気がしますが、そんなことはありません。

疎遠になってしまっているような人でも、「ちょっと紹介したい人がいるんだけど」とか「久しぶりに情報交換しようよ」と誘えば、それほど抵抗はないのではないでしょうか。

同窓会気分で、学生時代の友人に声をかけるのもいいかもしれません。

人を紹介すると、仕事を取られるといった心配をする人もいますが、基本的に情報や人脈はオープンにしておかなければ広がりません。

**情報は発信すればするほど、広がります。**

**人は紹介すればするほど人脈が増えます。お金も使えば使うほど、あとで戻ってきます。**

ヒト、カネ、情報の財産は使わないでためておいても、何の役にも立たないので、どんどん使いましょう。

注意することは、**飲み会の人数。できるだけ少人数がいいでしょう。**

皆が共通の話題で盛り上がれるのは、四～五人がベストでしょう。

それ以上だと、話す人が限られてしまったり、三～四人ずつのグループに分かれてしまい多くの人と話ができません。

## ▼飲み代は投資代▲

私の場合、飲み代はほとんどこちらで払っています。

相手は「この人は自分のことをとても大切にしてくれているのだ」と感謝するので、

必ず、次に向こうから誘いがかかります。

　こうやって次々と新しい人脈が広がるわけです。

　『ユダヤ人大富豪の教え』などのベストセラー作家・本田健さんは、相手がトイレに立ったすきに、先方が誘った食事代でも、サッと支払いをすませるそうです。

　そのため、本田さんと飲みに行ったら、途中でトイレに立ってはいけないという伝説があるくらいです。

　本田さんのように大物になっても、それくらい相手に気を遣って、飲んでいるということがわかります。

　逆に言うならば、そこまで気遣いができるからこそ大物になったのでしょう。

# メールには時間を奪われずに。その上での配慮を！

## メールの返信は午後まとめて書く

私はメールのチェックを携帯で適宜行っていますが、基本的にはメールの返事は朝ではなく、午後にまとめてするようにしています。また、急ぎの用件ならすぐ電話をします。メールに返事を書いていると５分、10 分すぐに時間が過ぎてしまいますが、電話なら１、２分で用件が終わる場合もあります。書いている時間がもったいないからです。

## 絵文字や記号を使って親しみをこめる

何度かやり取りした相手へのメールには、顔文字や記号を使うようにしています。語尾に「^^（ニコリ）」と顔文字や、「♪（音譜マーク）」をつけ、和らいだニュアンスで先方に送ります。また「お待ちしております」や「ありがとうございます」のあとにビックリマークをつけておくと、「本当に待ってくれているんだ」「本当に感謝しているんだ」という感覚を先方が受けます。ただし、年上の人やあまり親しくない人に使うとかえって失礼になるので、ケースバイケースで使い分けましょう。

## メールはできる限り、こちらからの返信で終わらせる

お客さまや取引先に対して、メールのやり取りはなるべくこちらから返した返信で終わるようにしています。以前に、私が先方にそうされて「この人、思いやりのある人だな」と感じたからです。もっとも世間では私と同じように考えている人もいるようで、相手からさらに返って来ることがあります。そのときはさすがにエンドレスになってしまうので、そこで終わらせるようにしています。

# 第3章

# 常識をくつがえす！

# 01 情熱は効率を超える！「嫌な」ことも「好き」にできる

## ▼好きなことに時間管理はいらない▲

世の中には、時間管理をまったく考えなくてもいい人がいるのをご存じですか？

時間の効率化といっさい無縁でいられる幸福な人、それはとてつもなく好きなことだけをやっている人です。

仕事でも、趣味でも、創作でも、何でもいいのですが、自分がそのことに情熱を持ってやっている人は、もう四六時中、そのことばかり考えているので、ムダが一瞬もありません。

たとえばミュージシャンは、ずっとスタジオにこもって作業をしていますが、彼らはまったく「働かされている」感はないと思います。

私もそうですが、いまは自分の会社の仕事を土日もなくやっています。朝も夜も関係なく、24時間仕事や会社経営のことを考えているので、あえて時間管理や効率化を考えなくても、どんどんやれているという感じです。

どんな人でも、好きなことをやっていると、集中力が長続きします。

これは、子どもを見ているとよくわかります。

彼らは勉強するときは、1時間と集中して机の前に座っていられませんが、好きなゲームだと3〜4時間は平気で集中していられます。

**好きなことをするのは、「突き抜ける！」ために必要な一つの方法だと思います。**

## ▼オンとオフを使い分ける人は〝半人前〟▲

よく「オンとオフを区別しましょう」と言う人がいます。

話としてはわかりますが、私自身を考えてみると、この仕事は好きでやっているので、オンもオフもありません。

24時間、仕事のことを考えていられます。

**だからこそ、「オンとオフを分けて」と言っている人には、私は絶対負けない自信**

**があります。**

会社を出たあとも、仕事のことを考え、新しいことを取り入れようと勉強もするし、研究もしています。9時~5時で仕事をこなし、アフターを趣味や遊びに費やしているような人には、負けるはずがありません。

**あえて言うなら、「オンとオフを分けよう」などと言っているうちは、まだ半人前です。**その境目がなくなるくらい夢中で仕事をするとき、本当に力が出てくるのではないでしょうか。すると自然と「突き抜ける」瞬間がやって来ます。

## ▼まずは、いまの仕事を好きになる▲

まず大切なのは、自分が情熱を持って好きになれる仕事を見つけること、もしくは、いまやっている仕事が好きになるよう主体的に取り組むことです。

**最初から好きな仕事にありつけるのは、ごく少数の恵まれた人たちだと思います。**ですからはじめはそれほどでもない仕事からスタートすることになります。

その仕事をいかに好きになれるかが、勝負の分かれ目です。

たとえば新入社員であれば、コピー取りやデータ入力など、面白くもない単純作業をやらされるかもしれません。

でも、何事も主体的に取り組んでこそ、成果が生まれ、やっている時間も苦痛ではなくなります。

やはり「やらされ仕事」は何をやってもつまらなく、時間のムダに思えてしまいます。

そうしないために、コピー取りであっても、どうやって短時間できれいに取れるか、誠心誠意、心をこめてやることがまずは大事です。

## ▼「つまらない仕事」だと思った瞬間に、時間がムダになる▲

私も学生時代、新聞配達のアルバイトをしていたころ、いろいろな技を編みだしました。

たとえば自転車で新聞を配達しますが、どのように自転車を立てかけると、次にスムーズに動きだせるかとか、新聞をどう積むとたくさん積めて、しかも取りだしやすいかとか、小さな工夫をどんどん重ねていくわけです。

すると技術が高まっていって、自分でも面白くなります。

# どんなことでも工夫する

**新聞配達ならば**

・どうすれば速く配れるか
・どうすればたくさん新聞を積めるか

**ビルの清掃ならば**

・何階からやるのがよいか
・ゴミはどのタイミングで集めると速いか

**嫌々やってもしょうがない。情熱を傾けることで学べることがあるはず**

「今日は1時間50分で配り終わったぜ」など仲間と競争して、楽しんでいました。

ビル清掃のアルバイトをしたこともありましたが、そのときも、いかに短時間できれいに清掃できるか工夫していました。

一階からやっていくのがいいのか、最上階の一二階からやるのがいいのか、モップはどこからかけるのか、ゴミはどのタイミングで集めるのか、**工夫次第で、効率がどんどん上がりました。**

いま考えると、たとえアルバイトであっても、自分なりに情熱を持ってこなしているうちに、無意識のうちに時間管理のやり方が学べていたのだと思います。

**つまらないと思って、嫌々やれば、それは自分にとってムダな時間になってしまいますが、情熱を傾けるとそこから学べることはたくさんあります。**

**それは必ずや自分の将来に役に立ってきます。**

つまり意味のある時間になるというわけです。

# 02 あえて仏滅に結婚式をあげるという考え方

## ▼仏滅に結婚式をあげよう▲

さて、次は結婚式のお話をしましょう。本書のテーマとどう関係するのかと不思議に思う方もいらっしゃるでしょうが、これが大アリなのです。

大安吉日と土日が重なると、どこの式場も結婚式をあげるカップルでいっぱいです。分刻みで新郎新婦が入れ替わり立ち替わりしているのを見ると、何もこんな混んでいる日にわざわざやらなくても、と思ってしまいます。

と言っても、私も親が心配するので大安に結婚式をあげましたが、本音は仏滅でもいっこうにかまわないと思っていました。

もし、いま私が結婚式をあげるとしたら、仏滅にあげることを主張するでしょう。

## ▼自分で考えて行動する▲

私が「仏滅」でもいいと言う根拠はこうです。

もともと「大安」や「仏滅」は中国の「六曜」から来ています。

でも中国では意味がないものとして、その風習はとうに廃れています。ですが、日本人だけが律儀に昔の「六曜」を守っているのです。

そこがねらい目です。

日本では「仏滅」に結婚式をあげる人は少数ですから、こういう日を選ぶと、めちゃくちゃ安くて、しかも貸しきり状態でできます。

人が皆そうするから、という理由で、深く考えもせず慣習に従うのは、自分の頭で考えて行動していない証拠。

つまり「思考停止状態」に陥っているのです。

そういう生活をしていると、確実に損を重ねていき、いつのまにか損をする習慣、損をする体質になってしまいます。

たとえば携帯電話で新しい機種が出ると、すぐ飛びつく人がいます。

でも携帯電話機は新機種が出るとすぐに値段が下がります。なぜ、それを待って買わないのでしょう?

私は効率性や生産性を左右するパソコンなどの情報機器は最新機種を買います。動きが遅かったり、軽くなければ嫌だからです。

でも、携帯電話にそこまでの性能が必要とされる人は少数派ではないでしょうか。

世の中には仕掛ける側と仕掛けられる側の二種類あります。

仕掛けに乗せられ、大損しないようにしたいものです。

# 03 給料日に銀行に行ってはいけない

## ▼行列に並ぶのは時間のムダ▲

私はもう何年も前から給料日には銀行に行っていません。

理由は簡単。混んでいるからです。

25日の昼休みともなると、銀行のＡＴＭの前には長蛇の列ができています。いったいどれくらい待てば、自分の順番が回ってくるのでしょう。

少し前に、ガソリンの税率問題で、ガソリンスタンドに長蛇の列ができている様子をテレビのニュースで目にしました。一リットルあたり、一〇円、二〇円の違いなら、四〇リットル入れても千円も変わらない。でも、そこで費やす時間と往復とを合わせた時間はもったいなくないのでしょうか。

**貴重な時間を使って行列に並ぶことほどムダはありません。**

お金をおろすのなら給料日のあと2、3日後にズラせばいいのです。たったそれだけのことで、並ばずにスイスイとお金がおろせます。

銀行だけではありません。

その他にも行列ができるものを挙げてみましょう。

・初売り福袋↓買うときは楽しいですが、一晩明けたときのことを考えましょう
・遊園地のアトラクション↓ファストパスなどを事前にとっておくとよいでしょう
・人気のラーメン店↓平日の昼過ぎに行きましょう
・ショッピングモールの駐車場↓開店と同時に行くと入れます
・夜の会食や飲み会↓必ず予約し、行列のそばをさっそうと通り過ぎましょう
・ドライブ↓車には渋滞回避機能のついたカーナビとETCは必須です

行列ができていたら、立ち止まって考える。

行列ができているということは、その逆の状態が、必ずどこかに生じている証拠です。賢い人は、常に大勢の人が行かない場所、やらないことに注目して、利益を得て

# 行列に並んではいけない

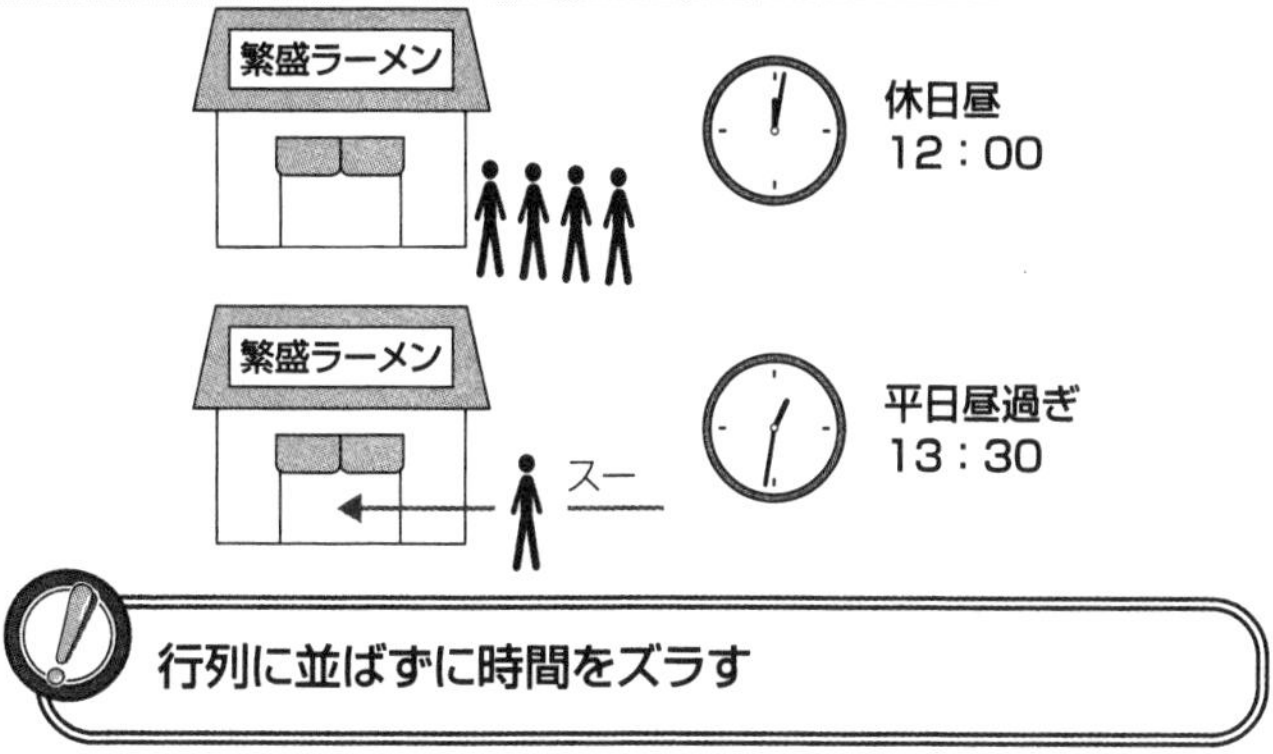


います。

## ▼旅行は平日に行く▲

ゴールデンウィークに車で遠出する人も、ずいぶん勇気があると私は思います。高速道路は渋滞が何十キロも続き、ほとんど駐車場状態です。

小さい子どもがたくさんいる家庭は車でなければ動けないので、しかたないかもしれませんが、私は恐ろしくて、とてもハイシーズンには車で遠出はできません。帰省シーズンに新幹線の自由席に乗る勇気もありません。

私は旅行に行くときは必ず平日に行きま

す。

**そのほうが安いし、温泉に行っても貸しきり状態だからです。それに、道路も空いていて、ムダな時間を使わなくてすむからです。**

みんながハワイに行くなら、自分はモンゴルに行く。

**とにかく人の行動パターンの逆を行けば、いくらでも時間が生まれます。**

少し視点をズラすだけで、安く行けたり、時間を節約できるので、多くの人がどう動くかを読んだ上で、その逆を行くのが賢い生き方です。

## ▼常に自分の頭で考える習慣を身につける▲

みんなが行くから、自分も行く。

みんなが並ぶから、自分も並ぶ。

**それは、「思考停止」状態の人がやることです。**

「思考停止」している人に、お金や幸せが降ってくるほど、世の中は甘くありません。

人と同じことをしている限り、人と同じ程度のお金と幸福しか手に入りません。

**行列には絶対に並ばない。**
**混んでいる休日に遊びに行かない。**
**人に流されず、常に自分の頭で考える習慣を身につけておく。**

そこから、人並み以上のものが手に入るチャンスが生まれます。

# 04 残業は「悪」ではない。「前残業」をしよう

## ▼成果がだせるなら残業してもかまわない▲

いつまでも会社に残って残業していると、効率が悪いとか、仕事ができないと思われることがあります。

会社によっては「ノー残業デー」をもうけ、社をあげて残業をなくしているところさえあります。このように世間では、残業は「悪」、残業は「非効率」という固定観念が広がりつつあるようです。

でもよく考えれば、残業しないことが目的ではなく、「成果」を上げることが一番の目的ですから、そのためなら、かけた時間に関係なく、たとえ残業になろうとも、「成果」さえだせればいいわけです。

そのために残業するなら、残業も「悪」ではないはずです。

**要するに、たとえ残業になっても、クオリティを上げるために、とことん追求したいのなら、残業してもいいのです。**

そもそも、自分の能力ややる気とは関係なく、会社が決めた就業時間という枠組みに縛られるほうがナンセンスです。

時間をかけるか、かけないかということより、「成果」が本当は大事なので、「残業してはいけない」とか「いかに残業しないでやるか」といった議論は私個人はあまり意味がないものと思っています。

とくに若いうちから、「時間が来たら帰る」というような「時間で働く」クセをつけてしまうと、せっかくの可能性を潰してしまいます。

**「就業時間」ではなく「成果」で考える習慣をつけましょう。**

## ▼早朝出社の「前残業」という考え方▲

ただ、夜通しになる残業はどうしてもダラダラする傾向があるので、私自身は「前残業」を心がけています。

最近は自分の時間を自分でコントロールできるようになったので9時半出社にして

いますが、自分の会社を興したとき、私は始業時間の1時間前の8時半には出社していました。

社員が来る9時半までの1時間が、私の「前残業」の時間です。

社員が来ると、もちろん、社員が悪いわけではありませんが、どうしても指示をだしたり、質問に答えたりしなければならないので、「自分の時間」が持てません。

私にとって、**始業前の「前残業」1時間が、貴重な「自分の時間」になります。**

その1時間に何をしたかというと、いかにお客さまを集めるか、集客のための時間に費やしました。

メルマガの原稿を書いたり、ホームページを更新したりといったこと以外にも、懸案事項の解決策や抱えているプロジェクトの戦略を練るなど、じっくり考えなければいけない案件について、思考をめぐらすことができました。

そういった意味で私の「前残業」は「成果」に結びついていたと思います。

# 05 仕事はキリの悪いところで帰ろう

**▼机にやりかけの仕事をキリの悪いところで広げたまま帰る▲**

**私はいつも仕事をキリの悪いところで終わらせて帰るようにしています。**

なぜかというと、キリのいいところで終えて帰ると、仕事のことをきれいさっぱり忘れてしまい、思考のアンテナをたたんでしまうからです。

そうではなくて、次の仕事に少し取りかかった状態で帰る。

**そのため、机の上もやりかけの仕事がそのまま広がっています。**

すると問題意識のアンテナが立ったままなので、帰り道でどこかに寄ったり、誰かと会うときでも、そのアンテナにいろいろなものがひっかかってきます。

そして翌日、会社に来たとき、机の上は昨日の状態で、やりかけのままの仕事が広げてあるので、そのまま座って、すぐにトップスピードで仕事が始められます。

これがきれいさっぱり片づけられていると、「昨日はどこまでやったかな？」と資料を取りださなければならず、モタモタする時間がもったいないのです。

## ▼仕事を途中でやめると問題意識も持続する▲

もちろん、これはその人の性質にもよります。

スッキリ仕事を片づけてからでないと気持ちが悪い人もいるので、そういう人はキリをつけてから帰ってもいいと思います。

**ただ、私自身の感覚だと、キリの悪い形にして、仕事を引きずっていたほうが、いろいろな情報が入ってくる気がします。**

整理整頓が好きな人には、なんとも居心地が悪いかもしれませんが、わざと途中で仕事をやめて、引きずっているのも、問題意識を保ち続けるにはいい方法になるので、ぜひ一度試してみてください。

# 06 月曜日は予定を入れない

## ▼手帳にあえて空白の日をつくる▲

私の手帳を見ると、月曜日にはたいてい予定が入っていません。
目上の方などからの依頼だと、どうしてもさけられないということはありますが、極力、予定を入れないよう工夫しています。

月曜日は1週間のスタート。ここでバタバタしてしまうと、その1週間がずっとあわただしいまま過ぎていきます。

以前、私がコンサルティング会社に勤めていたときは、月曜日の朝一から予定表が埋まっていて、ほぼ真っ黒な状態でした。
まだ若かったのでなんとか持ちこたえましたが、週の中盤くらいで息切れがしてきて、週の後半はもうヘロヘロです。

# 私の手帳

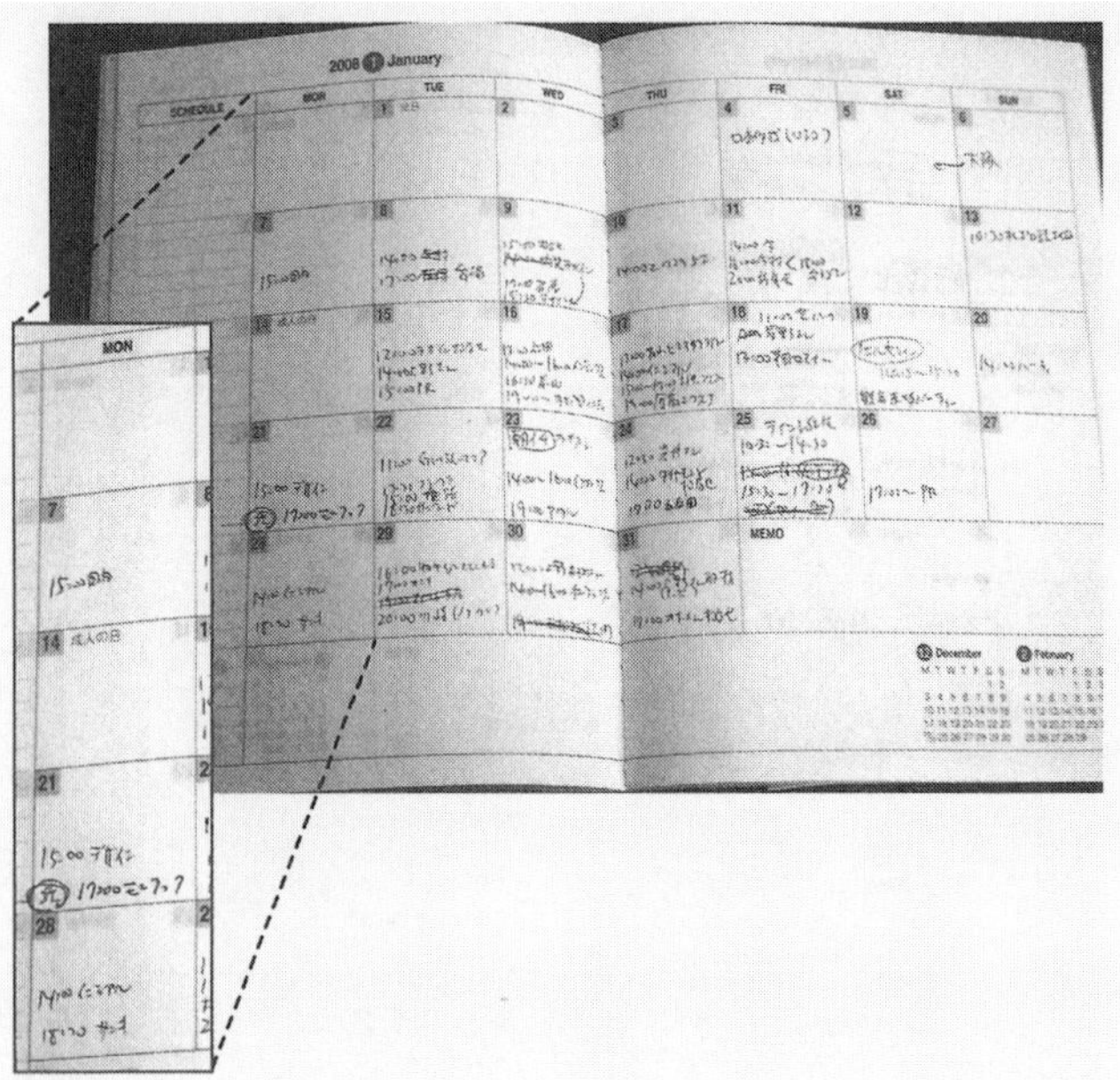


どうしてもという場合以外は、月曜日は極力予定を入れない

**どんなに忙しくても、週に1日、できれば月曜日だけは、予定を入れない日をもうけておきましょう。**

また月曜日は週はじめの会議やミーティングが行われることが多いもの。

1週間の方針がそこで決まるので、月曜日の自分の予定を空けておけば、会議やミーティングの結果を受けて、自分が1週間を効率的に動くための計画をしたり、調整するための時間にあてることができます。

さらに月曜日は、普段会社にいない地方や現場の社員なども集まっています。情報が集まりやすい日でもあるので、ある程度、時間に余裕を持っておくと、さまざまな人と情報交換できる機会も増えます。

## ▼会議は会議室では行われない▲

話は少しズレますが、私は喫煙室など、アンオフィシャルな場での会話が、非常に重要だと考えています。もちろん、人の悪口などは別です。

会議では、たとえば商品開発部と営業部が、それぞれの立場を代表してぶつかります。

「開発がいい商品をつくらないから売れないんだ」「営業が頑張らないから売れない

んでしょ！」と議論が平行線になるようなことはどこの会社でもあることでしょう。

でも会議が終わったあと、喫煙室に行くと、そこはアンオフィシャルな場で、リラックスしているので一気に本音が出ます。

「さっきはあんなことを言ったけれど、本当はもっとパンチのある商品をつくっていかなきゃいけないんですよね」とか「営業戦略を練り直さなくちゃいけないと思っているところです」とか、会議では出ないような大事な話が行われることがあります。

会議で議論が紛糾したら、喫煙室に行ってみましょう。

# 07 朝に新聞を読んではいけない

## ▼時事的な情報を集めても意味がない▲

私は、毎朝、新聞を読んだりしません。

**新聞は週末に１週間分をまとめて読んでいます。**

なぜそうするのかというと、毎日の情報はブツ切りなのであまり意味がないからです。情報は日々変わり、事態は動きます。

これは私の持論ですが、「単なる事実情報の収集ごときに、朝の大事な時間を奪われたくない」ということです。

確かにデイトレーダーなど、日々のニュースが自分の活動に直結する人は、新聞を毎朝欠かさず見ることが不可欠かもしれません。

でも、仕事に必要な情報であれば、新聞を読まなくても自然に集まってきます。投資に必要な情報は、新聞では遅い場合のほうが多いものです。

ほとんどの人にとって、日本のGNPが何%になったとか、自民党の支持率が何%に下がったといったことは、1分1秒を争って知らなければならないほど、影響があることでしょうか？

せいぜい取引先と話題が合うとか、同僚との雑談に花が咲く程度です。そんな断片的な情報は別にいつ知ってもいい話だと思います。

たとえ「朝食ミーティング」で、「今日のニュースでこんな話が」とか「今朝の日経新聞で」という話題が出たとしても、「すごいですね。もうご存じだったんですか。見過ごしていました」と言って、相手を持ち上げてしまえばいい。

**つまり、逆転の発想です。**

毎朝ではなく、1週間分まとめて新聞を読むと、事件の推移もわかり、「ああ、こんなふうに解決したんだ」とか「この報道はこんな影響を与えたんだな」と全容がつかめます。

とくに私は株をやっているので、「こういうときは株価が落ちるな」とか、「こんなニュースが出ると、株価が動くんだ」という動きがわかるのが、とても重要です。ストップウォッチで止めた静止画像を見るのではなく、一連の動画を見るイメージです。

## ▼１週間分の新聞を30分で読む▲

１週間分の新聞をまとめて読むのは大変、と思われるかもしれませんが、私は１日分をだいたい５分で読んでしまいます。

**１週間分の新聞を約30分で読み終えるのが目安です。**

私は新聞は日経新聞をとっていますが、これは経済の専門新聞なので、資本側からの切り口が主になっています。

たとえば「ガソリン代が上がる」といったニュースでも、一般消費者から見ると、「生活が圧迫される。これは困った」という話になりますが、資本側から見ると、「ファンドの資金が流れる」とか「インフレの懸念がある」といった切り口になります。

同じ事象でも、メディアの立場によって、まったく違った観点から見ることができます。

ですから私は、消費者サイドの情報はＹａｈｏｏ！やＭＳＮなどネット系の情報で補っています。

ネットのニュースも、新聞社が提供している情報なので、新聞を読むのと同じです。

不動産や株、先物取引をやっている私でも、個人的にはそれで十分だと思います。

ほとんどの人は他の人と違った情報源を持っているわけではなく、私も含めてたぶん皆同じ情報にふれていると思います。

ただ、その咀嚼《そしゃく》のしかたが違うだけなのです。

# 08 テレビのニュース番組は見るだけ損

## ▼同じ映像が繰り返されるニュース番組は時間のムダ▲

私は朝も夜もほとんどテレビのニュースを見ません。

テレビのニュース番組は「視聴率を上げる」ことが一番の目的なので、面白おかしく編集してあります。

それに同じ映像を繰り返し流しているので、1時間の報道番組でも、実質的な中身はそれほどありません。

私の知り合いは、報道番組を録画し、同じ映像やCMは早送りで飛ばして見ているそうです。

私がここで言いたいことは、テレビを見るなということではもちろんありません。

**一番危険なのは、テレビから一方的にタレ流される情報をそのまま受け取ってうのみにしてしまうことです。**

たとえ報道番組や情報番組と銘打っていても、客観性を装いながら、実はかなり偏向があります。

以前、ある番組で納豆を食べるとダイエットできるという捏造《ねつぞう》された番組がつくられ、問題になったことがありました。あの事件の教訓は、テレビの情報にも間違いがある、ということです。

メディアの編集のしかたによっては黒が白に見えてしまう。白が黒に見えてしまう。やはり視聴率をとるためには、事実を公正に伝えるだけではないところが、出てきてしまいます。

## ▼テレビを見続けると思考停止状態に▲

結局、テレビのニュース番組や報道番組を見続けていると、人生で一番損をするパターン、つまり無意識の「思考停止」状態に陥ってしまいます。

以前、崖の上に取り残された「崖っぷち犬」がニュースで騒がれたことがありました。世間は「かわいそう！」の大合唱で、もらい手が殺到しました。

しかしその一方で、保健所では毎日、何千頭という犬やネコが殺されています。犬がかわいそうなら、保健所に行って、まさにいま殺されようとする犬をもらってくればいいのです。

なぜそうしないのでしょうか？

あるいは「多摩川のタマちゃん」の騒動に関しても同じです。

最後はタマちゃんに住民票を与え、皆が微笑ましい話として和んでいました。悪いニュースが多い時代に、確かにタマちゃんのニュースには癒やされたのですが、「でも、待てよ」と私はこのとき考えました。

「在日外国人には選挙権もないのに、なぜアザラシに住民票なんだろう？」「日本の人口減少時代を考えると、行政はアザラシよりも海外から人がもっと来やすくするべきではないか？」と。

**テレビの報道に流されて、一緒に騒いでいると、本質を見誤ります。**

もちろん、受け身で情報を得られるテレビにも便利な側面があります。その一例として、ビジネスドキュメンタリー番組などからは、ヤル気をもらえることもあります。しかし、私はニュース番組に限らず、テレビを見る時間は基本的にムダだと思っているので、テレビを見るとしても純粋に息抜きのためのアニメ番組か、お笑い番組しかほとんど見ません。

## ▼頭を空にするならアニメやお笑い番組で▲

アニメやお笑い番組を見るほうが、一時的に「思考停止」状態になるのではないかと考える人もいると思いますが、私の場合は完全に娯楽と割りきっています。

**なぜアニメやお笑いかというと、単純に楽しいからです。**

世の中にはネガティブな情報があふれています。

痛ましい事件や人の不幸にフォーカスする情報ばかりにふれていると、思考もネガティブになっていく気がします。

でもアニメやお笑いなら、見ていて楽しくなりますし、人の心をつかんで愉快にさせるコツがわかります。

「人を喜ばせる企画」という意味でも、とても参考になります。

**テレビはスナック菓子と同じで、栄養がなくても見始めると止まらなくなるので、目的と時間を決めて視聴することが大切です。**

# 09 みんなの言うことは、案外正しくない

## ▼反対されたことこそ活用すべし▲

ユダヤ人の教訓に、「全員一致した決定は間違いだ。みんなが真剣に考えれば、一人ひとり違う意見が出るはずだ」というものがあります。

私も確かにその通りだと思います。

私の経験からも、人が「いい」と言うことはそれほどよくないし、みんなが「悪い」と反対することが、案外よかったりします。

ある野菜ジュースに関して、メーカーの開発担当者からこんな話を聞いたことがあります。

野菜ジュースといえば、赤や緑と相場が決まっていましたが、そのジュースは紫色です。

食品業界では、紫色の食品は売れないというジンクスがありました。紫色はあまり食欲をそそらないからです。

ましてや、紫色の野菜ジュースなんて、見るからにマズそうです。

そのメーカー社内では、紫色の野菜ジュースは開発段階から大ブーイングがあったという話でした。でも飲んでみると、味は美味しいし、珍しいので意外にイケるかもしれないと開発者の彼は直感し、社内のあらゆる部を説得して商品化にこぎつけました。

## ▼クレージーな意見がクレージーな結果を生む▲

営業会議では、案の定、ほとんどの人が懐疑的だったそうですが、それでも彼は健康志向の強いＯＬやサラリーマンの多い都心部を中心に、紫色の野菜ジュースを置いて欲しいと営業部隊にお願いしたそうです。

すると、初日こそ、そこそこの出だしでしたが、翌日から火がつき、アッという間に売りきれが続出しました。

## クレージーな意見がクレージーな結果を

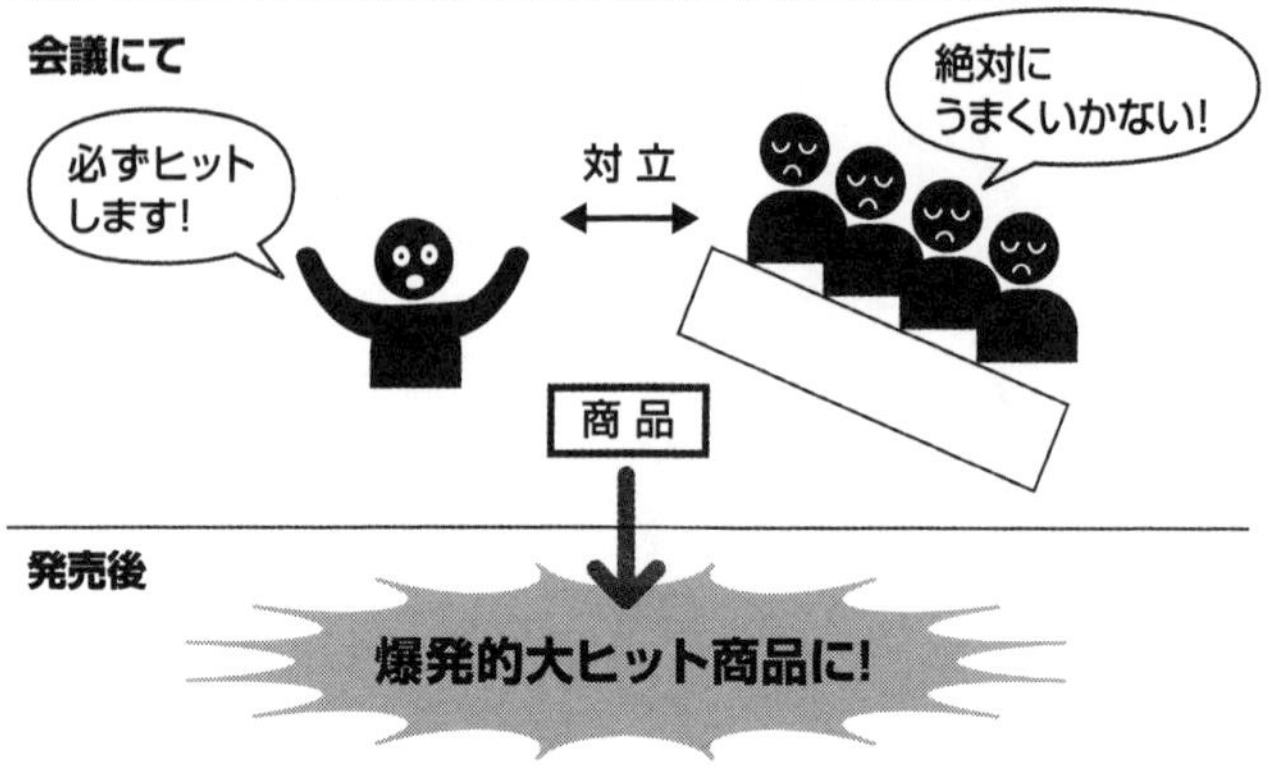
会議にて
必ずヒットします!
対立
絶対にうまくいかない!
商品
発売後
爆発的大ヒット商品に!

すぐ売りきれてしまうので、そのメーカーでは生産が追いつかなくなったほどです。

「紫色のジュースなんか売れっこない」という大かたの意見に反して、大ヒットとなったわけです。

本の世界でも同じようなことがあります。「レバレッジ」というワードはいまでこそ、よく使われていますが、もともとは博打に近い、悪いイメージの言葉でした。業界内ではNGワードだったそうです。

それをある出版社の編集担当者が、本田直之さんの著書（『レバレッジ・リーディング』東洋経済新報社）のタイトルに使おうとし、もちろん社内の会議では大反対でしたが、「いや、レバレッジで行く！」と押しきって、結果、あのようなベストセラーになったそうです。

**このように、みんなが言うことは意外に正しくないことがあります。**

私たちは、つい多数意見に流されてしまいがちですが、多くの人の普通の思考で判断すると、結果も普通にしかなりません。

**クレージーな人のクレージーな意見のほうが、意外にクレージーな結果を生む可能性があることは肝に銘じておいたほうがいいでしょう。**

もっと突き抜ける！　③

# ツールを使いこなそう

## よく使う単語を辞書登録しておく

たとえば、「おせ」と打つと「お世話になります」と出てくるように、パソコンの単語登録を活用しています。これだけでかなり時間の節約になります。会社名も長いので、「プレ」と打つと、「プレミアム・インベストメント＆パートナーズ午堂です」と出てくるように設定しています。同じように住所も登録しておくとよいでしょう。

## 倍速再生を活用する

セミナーや教材のＣＤなどを購入して聞くときに、普通のスピードだと時間がかかります。たとえば、ジェームズ・スキナー氏の『成功の９ステップ』というＣＤ教材は、１枚 60 分のＣＤが 12 枚もあって、全部を聞くと 12 時間もかかってしまいます。そこでＣＤからＭＤやスマートフォンに落とし、倍速にすると１枚 30 分で聞けます。こうすると同じ時間で繰り返し聞けて、より身につきます。

## ノートパソコンは立ち上げ時間をゼロに

ノートパソコンは思い立ったらすぐ使いたいものですが、電源を入れてから Windows が立ち上がるのを待つのは時間のロスです。そこで、私は起動時間をゼロにする設定に変更しています。コントロールパネルから電源オプションのプロパティを開き、「詳細設定」のタブをクリック。電源ボタンの「ポータブルコンピュータを閉じたとき」を「スタンバイ」に変更します。これでモニタを閉じれば電源を切らなくてもスリープ状態になります。もちろんモニタを開けば瞬時に立ち上がり作業に取りかかれるので、起動や終了時間のロスを防げるのです。

第4章

# 時間を資産に変える！

# 01 コストパフォーマンスからタイムパフォーマンスへ

## ▼お金は取り戻せるが、時間は取り戻せない▲

映画を見に行って、とてもつまらなかったとしましょう。

この場合、あなたが損した金額はいくらでしょうか？

映画代の一八〇〇円？


いいえ、違います。

たとえば、自宅から映画館までの往復が約2時間なら、上映時間2時間と合わせて、時間は合計4時間を損したことになります。

年収五〇〇万円のサラリーマンの時給を約二五〇〇円とすると、金額換算で一万円にもなります。

しかもお金の損ならまだ取り戻せますが、時間の損は取り戻すことができません。

私たちはお金を投下するとき、コストパフォーマンス（費用対効果）を重視します。同様にこれからはタイムパフォーマンス、つまり時間対効果について意識してみることが大切です。

もっとも、コストパフォーマンスとタイムパフォーマンスは、それぞれが置かれた立場や状況、社会的なステージによっても異なります。

収入が少ない人にとっては相対的に時間よりお金の優先順位が高くなるし、収入が多い人にとっては相対的にお金より時間の優先順位が高くなります。

つまり、こうです。

**収入が少ない人　　時間＜お金**
**収入が多い人　　時間＞お金**

## ▼迷う時間がもったいない▲

先日、こんなことがありました。

私はカフェに入って、原稿を書いていました。

隣のテーブルには若い夫婦が座り、空気清浄機のパンフレットを取りだして、マーカーで線を引きながら、機能や値段、サイズなどをあれこれ検討しています。

彼らは相当迷っているようで、かれこれ1時間以上は費やしていたでしょうか。結局、決まらず帰っていきました。

昔の私なら、自分の部屋の大きさや使い方にフィットする機能を備えた空気清浄機をしっかり調べて、あの若い夫婦のように慎重に選んだでしょう。

なぜなら、そうやって研究しないと損をするからです。

せっかく買っても、オーバースペックで、使わない機能がたくさんついているかもしれません。反対に必要な機能がなく、〝安物買いの銭失い〟になるかもしれないからです。

しかし、私にとっていまは相対的に時間のほうが大切なので、迷って1時間費やす暇があったら、とりあえず最新モデルをパッと買います。

**値段は一万円くらい違ってしまうかもしれませんが、それでも迷う時間のほうがもったいない。**

私は携帯電話の機種変更をするときも、店頭で操作感を試し、自分に優先度の高い機能がついているかどうかだけを確認したら、すぐに買うので、ほとんど時間を要しません。

**電化製品や衣服は数分、ドリンクや文房具なら一瞬で決めて買ってしまいます。**

コストパフォーマンスよりタイムパフォーマンスを優先する考え方でいくと、こうなるというわけです。

## ▼見切る勇気を持つことが大切▲

タイムパフォーマンスの考え方でいくと、「見切る勇気」がとても重要になってきます。

とにかくあれこれ迷って時間を使うのはムダですから、私は食事する店を選ぶときも、よさそうなところがあれば、すぐに飛びこみます。

入ってみて、雰囲気が悪かったり、味が美味しくなければ、すぐに出て、別の店に行けばいいのです。

チャージなどで多少高くつくかもしれませんが、我慢しながらお金と時間を使うより、はるかにマシです。

映画やレンタルＤＶＤも、ちょっと見てつまらなそうだったら、見切って、パッと見るのをやめるにこしたことはありません。

**「お金を払ったからもったいない」と言って最後まで付き合うのは、お金と時間のムダというダブルパンチになります。であれば、損失はお金だけに食い止めるほうがトクというもの。**

仕事も同様。

完璧な準備などありえません。どんなに周到な準備をしていても、走り始めてみると、まったく別の方向に転換しなければならないことはよくあります。

軌道修正を迫られる可能性があるなら準備や計画に必要以上に時間をかけるのではなく、見切り発車でもよしとする姿勢を持っておくことが大切です。

事業はまさにその繰り返しです。

計画通りうまくいくほうが珍しいと言えます。多くの人が動くプロジェクトでは、計画を立てないとバラバラになりますが、かといってあまり詳細なプランを立てても、途中で変更になったり、計画通りに行かないこともあるので、プランニングに時間をかけすぎるのもムダになります。プロジェクトを走らせながら考える、という発想も必要です。

## ▼まとめ買いで時間を節約▲

私は服装には無頓着なほうなので、あまりブランド物などには関心がありません。だから、買い物も好きではないし、「そろそろあれ買わなきゃ」と考えるのが苦痛です。ネットで入手できるものはネットで買ってしまいますが、服の場合、サイズや似合うかどうかがありますので、なかなかそうはいきません。返品するのも面倒です。

ではどうするか。

**スーツやシャツ、カジュアル服などは、数年に一度まとめ買いをします。**

一回の買い物でスーツ三着、ワイシャツ一〇着、靴下二〇足、Ｔシャツ一〇枚と一気に買いこみます。そうすると、数年間は服を買うことを考えなくてすみます。

その他、ミネラルウォーター、ポケットティッシュ、ボックスティッシュ、シャンプー、リンス、洗剤や柔軟剤、歯磨き粉や歯ブラシ、洗顔石けんなどといった、家庭用消耗品で性能進化が激しくないものは、一度に大量にまとめ買いします。

そうすれば、もうすぐ切れそうだから補充しなきゃ、という思考に煩わされることもありません。買い出しに行く時間も一度ですみます。スーパーのチラシを見て値段を比べて、セールだからと買いに走る、なんて面倒なこともしません。

まとめ買いをすることで、私にとっては「買い物」というTODOがなくなり、他の考えるべきコトに集中できるのです。

# 02 働きながら1年半で米国公認会計士に受かった勉強法

## ▼学費は前払いで全額払うべし▲

**私は二七歳のとき、働きながら1年半で米国公認会計士の資格を取りました。**


平日は仕事があるので、勉強するのは土日しかありません。

しかも当たり前ですが、テキストはすべて英語です。

英語は大学受験のときに勉強したぐらいで、大学の学部も経済でしたから、覚悟していたとはいえ、英語での受験勉強はかなりきついものになりました。

専門学校に学費を約六〇万円払って、土日の集中授業に通いました。最初に思いきって全額を払い、自分にプレッシャーをかけたのですが、始めてみると、英語の専門用語ばかりで、チンプンカンプン。

電話帳ぐらいの厚さのテキストが四科目分、四冊もあって、まさにお手上げ状態でした。

「これはマズいことを始めてしまった」とさっそく後悔しました。

でも学費は全額払ってしまったし、やめるにやめられません。お金を前払いしてしまうのは、私のように怠け者の人間にはおすすめかもしれません。

とにかく土日集中の講義で朝10時から夜10時まで、12時間の授業を約4ヵ月間受けました。

4ヵ月間のひと通りの講義が終わったあと、腕試しにグアムで行われた受験ツアーに参加。

一度目の受験は、もちろん四科目すべて不合格の大惨敗でした。

## ▼ドリルダウン学習法と皿回し学習法▲

これはダメだと、**仕切り直しをして、徹底的に効率を追求した勉強法で臨みました。**

そのときに私が行った勉強法の概要を少しだけ、ご紹介しましょう。

それは**「ドリルダウン学習法」**と**「皿回し学習法」**です。

**「ドリルダウン学習法」とはある特定分野を集中して深堀りして一気にマスターしていくやり方です。**

たとえばある単元の講義を受けたとします。その直後にこの分野の過去問を片っ端から解いていくのです。その学習法の効率をさらに高める方法として、「テキストパラパラ法」があります。

米国公認会計士の試験勉強は、先ほどもお話ししたように電話帳のように分厚い問題集を使います。そのため、その日に勉強すべきところのテキストと問題集部分を切り離して、クリアファイルにまとめて持ち歩くのです。

こうすれば厚さも薄く軽くなり、「今日はこれだけを勉強するぞ」と集中でき、「まだこんなにあるのか」というプレッシャーもかかりません。

**一つのことに徹底して集中することで、理解が深まり、この範囲はまかせろ！　という自信がつきます。**

**次に「皿回し学習法」とは、すべての科目を短期間に並行して何度も繰り返し、忘却を防ぐ勉強法です。**

米国公認会計士（USCPA）の勉強は忘却との戦いです。

試験は会計、商法、税法、監査と4科目ありますが、一つの科目の範囲が膨大なため、順番にやっていると、他の科目をきれいサッパリ忘れてしまいます。

そこで会計をやりつつ、商法もやり、税法もやって、監査もやるという具合に4枚の皿を同時に回せるような工夫をするのです。

米国公認会計士の勉強は、理論をひと通り勉強すると、あとはひたすら問題演習です。試験には過去にだされた問題が、数字だけ変えて出題されることが多いので、過去問をいかにたくさんやるかが勝敗を分けるポイントとなります。

しかし一科目につき、過去問は一〇〇〇問近くもありますから、最初からやっていたのでは、終わりまで行き着くのにかなりの時間がかかります。

そこでどうしたかというと、三問飛ばしや五問飛ばしをして、一科目の全範囲の過去問をとりあえず1週間くらいでやり終えてしまいます。たとえば会計の過去問を飛ばし飛ばしで1週間やり、次の週は商法をやる。その翌週は税法をやって、4週目に監査をやると、ちょうど1カ月で、また会計に戻れるというやり方です。

そして二巡目に今度は、飛ばしたところをやっていく、ということを五回くらい繰り返しました。

こうすれば、その科目の全範囲を短期間に網羅できます。

とはいえ問題演習を繰り返すにしても、次に解くときは何を間違えたかを忘れてしまっています。

**そこで強い味方になったのが「間違いノート」です。**

問題を解いて、間違えたら問題番号と正答、それから間違えた理由をノートに書いていきました。つまり、ただ単純に覚えていないだけなのか、あるいは誤解をしていたのか、その理由を記録するのです。

また、問題番号の端に、解いた日付とともに、自信を持って解いて正解したら〇、間違えたら×、まぐれ正解なら△の印をつけました。

３回連続して〇がついたら、その問題はもう解かず、△と×の問題に集中します。こうして解くべき問題をどんどん減らしていくと、最終的には自分が本当に解けなかった問題だけをやればよいということになります。

すると、直前期には、全範囲を１日で回せるようになりますから、直前１週間は、全範囲を一〇回転ぐらいこなしました。

**この「ドリルダウン学習法」と「皿回し学習法」で、働きながらだと3年はかかるといわれる試験に、私は1年半後に晴れて合格することができました。**

## ▼仕事をやりながらの試験突破に意味がある▲

仕事と勉強の二足のわらじを履かずに、仕事を辞めて、短期集中で合格する方法もあったと思いますし、そういう人も多いと思いますが、私の個人的な考えでは、司法試験などの超難関の資格でない限り、働きながら取得するのが望ましいと思います。

なぜなら仕事をしながら勉強して合格することで、効率的な時間の使い方のノウハウを獲得できますし、何より「そうした力がある人」というアピールができるからです。

私にはヘッドハンターの知り合いが何人もいますが、彼らに言わせると、「米国公認会計士程度の資格を、仕事を辞めないと取れないのか」というシビアな評価なのです。

米国公認会計士の資格に限らず、何かの資格取得を目指しているなら、ぜひとも仕事を辞めずにチャレンジしてほしいと思います。

# 「ドリルダウン」と「皿回し」学習法

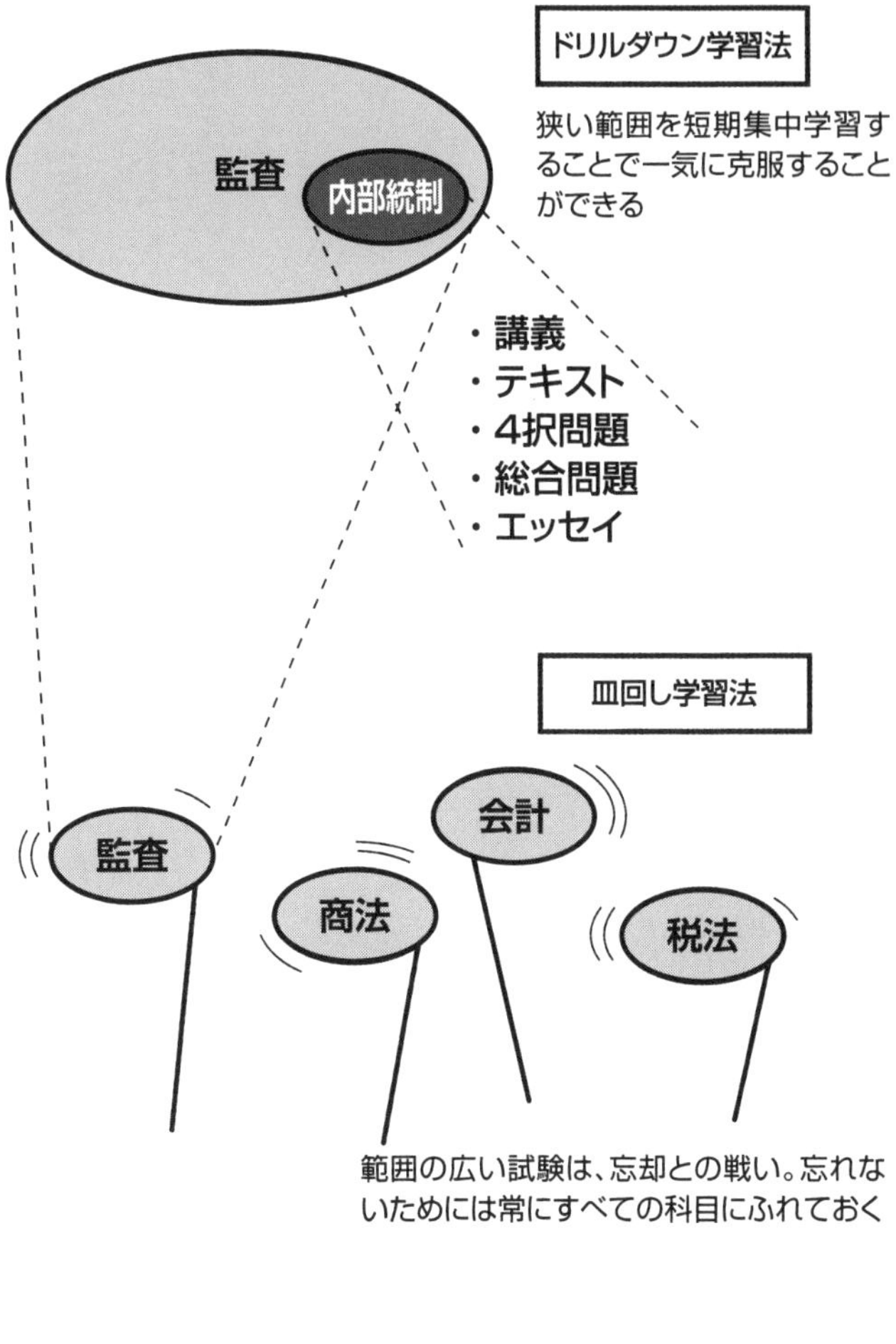

# 03 ガラリと変わった三〇代からの勉強法

## ▼三〇代はオリジナリティを見つける時代▲

会計事務所に就職したばかりのころの私は、会社の仕事以外に、流行ものの「経営手法」やCSR（企業の社会貢献）など、経営理論ばかりをせっせと覚えていました。いまになって振り返ると、「暗記」という学生時代の勉強スタイルから抜けきれていなかったのでしょう。

当然、目の前の仕事にはほとんど役立たなかったのですが、「そんなものかなあ」と当時は思っていたのです。

それが二五歳のとき、コンビニに転職し、どちらかというと実践して学ぶことにウェイトが移りました。いわゆる仮説・検証的な仕事のスタイルが身についたわけです。

そして二九歳でコンサルティング会社に転職したときは、**知識はもちろん大切だし、実践も重要で、それ以上に何ごとも深く考え、本質を見極めなければならないことに**

**気がつきました。**

**むしろ「考える」ところに重きを置き始めたと言ってもいいでしょう。**

コンサルティングの仕事は、まず仮説を立てることから始まります。その仮説を検証するため、いろいろな情報を収集しなければいけません。

でもそれをうのみにすると流されるので、いかに自分のオリジナルな発想に転換していくか、と考えるようになりました。コンサル流に言うと、いかに「ぶっ飛んだ」付加価値をだせるかということです。

二〇代は、まず「受け身で知識を覚える」→「それを自分で実践してみる」という段階でしたが、**三〇代に入ると、いったん自分のなかで濾過《ろか》して、「自分なりのオリジナリティを見つける」というやり方に変わっていったのです。**

**つまり、「思考する」ことを身につけたということです。**

## ▼自分がどう感じているかという「アウトプット思考」が大切▲

いまでも私はいろいろなセミナーや勉強会に参加します。

# アウトプット思考をする

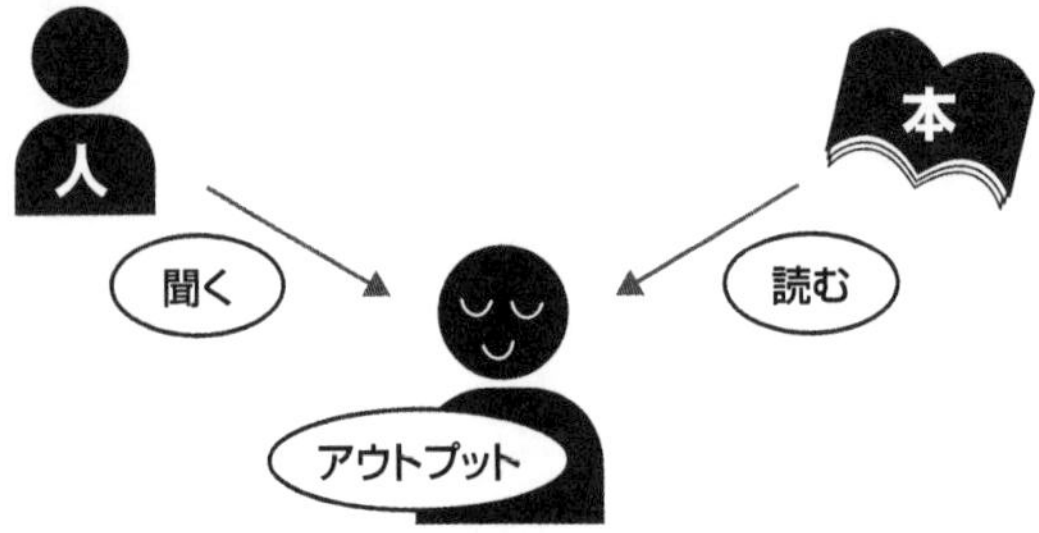


そのとき、「誰が何を言っているか」とか「誰が何を書いているか」より、**それを受けて「自分がどう感じて、今日から何をすべきか」という「アウトプット思考」をしています。**

たとえばロバート・キヨサキさんの本を読んだとします。

「投資に回すお金を確保してから、残りのお金で生活しなさい」と書いてあります。

これを知って、若い二〇代なら「ふんふん、なるほど」で終わってしまいます。

少し進んだ人なら「じゃあ、自分でやってみよう」と思います。

でも三〇代になったら、キヨサキさんの

言葉を踏まえて、**「自分ならこうする」という独自の考えなり、アイデアを足せなくてはいけません。**

たとえば、「給料を三分割して、三分の一は増やす投資のため、三分の一は自分への投資のために先によけておく。そして、残り三分の一を生活費として、このなかでやりくりできるように工夫しよう」ということです。

あるいは自分が憧れとする「メンター」に自分を置き換え、その人の発言や行動を自分なりのやり方で自分のものにしていくようにならなくてはいけないのです。

## ▼実際にセミナーに参加して肉声を聞いてみる▲

ちなみに、私は三二歳のとき、自腹を切ってキヨサキさんのセミナーをロスに聞きに行ったことがあります。

セミナーの内容は本に書いてあるようなことでしたが、彼の肉声を聞いて、そこから発信されるものを自分なりに解釈することが大切だと感じました。

実際にセミナーに参加すると、本人の思いや勢いが生々しく伝わってくるので、そこで得る情報量は膨大です。

そのとき、私はロスの不動産業社を何社か回り、南カリフォルニアのマーケットも肌で感じました。そして、自分の今後の事業に対する新しい気づきも生まれました。

自分のモチベーションを高める意味で行ったのですが、それ以上の価値があったと思います。

# 04 本は迷ったら即買え！

## ▼本は偏った考えのものを読め▲

読む本も、二〇代と三〇代では違ってきました。

二〇代はどちらかというと知識重視だったので、わりと難しい理論が中心の本を読んでいました。三〇代になってからは、いろいろな人の価値観を吸収したいと思い、その人の体験談や特定の人の考え方、個人的な思考について好んで読むようになりました。

最近では松下幸之助さんの『人生心得帖』とか稲盛和夫さんの『生き方』や、またマンガ家の山田玲司さんの『非属の才能』など、著者の個人的な価値観や主張が反映されたものを読んでいます。

なぜこうしたものを読むのかというと、オリジナリティのあるさまざまな考え方にふれることで、「じゃあ、自分はどう考えるのか」と思考できるからです。

知識主体の事実情報の羅列だと、そこまで思考が発展しません。それよりも、**特定の個人のものすごく偏った考え方にふれたほうが刺激になります。**

その内容が「いい」「悪い」ではなく、「こんな考え方もあるのだ」という気づきがあるからです。

## ▼本は本屋で買うのが原則▲

**その本ですが、私は必ず本屋に行って買います。**

本以外のものだと、雑貨にしても文具やパソコン周りの消耗品にしても、時間を節約するためにネットで購入することが多いのですが、本だけは実際に書店に行って実物を見て買います。

ネットでは本をパラパラめくって中身を見られないので、何度か失敗したことがあるからです。

購入しようとした本がネットの書評でボロクソに書かれていると、つい「やめようかな」と思ってしまいますが、実際、読んでみると、ものすごくいい本だったことが何度もあります。

書評を書いた人の感受性と自分が感じることが同じとは限りません。

ですから、**あえてネットの書評は読まずに、自分で本屋に行って、自分の目で見て選んでいます。**

本をあれこれ選んでいる時間がムダ、と考える人もいると思いますが、私にとっては、「次はこんな本を書きたいな」とか「こんなものが流行っているのか」といった情報が得られるので、思考が広がる場といえます。

## ▼本代に使うお金は飲み代より有効▲

本のタイトルを眺めたり、パラパラめくっているだけで、いろいろとインスパイアされます。

**そして気になる本があれば、即、購入します。**

なぜかというと、最近の本は回転が速く、すぐ買わないと店頭からなくなってしまうからです。

あとから「やっぱり買おう」と思って本屋に行くと、もう見当たりません。

ですから「買おうかどうしようか」迷ったら、即、買うぐらいの勢いでいたほうが後悔しません。

本代に月三〜四万円は使いますが、お酒を飲んだと思えば安いものです。

同じ金額でも、飲み代より本の代金に使ったほうが何十倍も得られることが多いと思います。

# 05 「速読」ではなく「遅読」で得られるもの

## ▼「自分だったらどうするか」と常に考えながら読む▲

私は本を週二～三冊は読みます。

**でも決して「速読」ではありません。**

あらすじを拾っていくというよりは、「自分だったらどう考えるだろう」とか「自分なら何ができるか」といったことを考えながら読んでいます。

一つひとつの言葉を、自分のなかで反芻《はんすう》しながら読んでいるので、時間がかかります。行きの電車の1時間で、一ページしか進まなかったこともあります。

一時、「速読」が流行ったことがあって、私もやってみましたが、やり方が悪かったのか、まったく頭に入りませんでした。

やはり私には、一度自分のなかに取りこんで、自分で考えてから次に進む読み方が性に合っていますし、そのほうが考えるトレーニングにもなります。

言葉一つをとっても、「著者は何を言わんとしているのだろう」とか「実は深い意味があるのだろうな」とか考えながら読んでいくので、表面をザーッと読むより、いろいろな見方ができるようになります。

たとえば、みんなが批判する人の本でも、その人の本をよく読んでみると、また違った観点から物事が考えられます。

かつて時の人となった、元ライブドア社長の堀江貴文氏や元村上ファンドの村上世彰氏についても、確かにああいう結果にはなりましたが、彼らの本を読むと人知れずどれだけ努力をしてきたのかがわかります。

皆が寝ていたり、飲みに行ったり、デートをしているときでも、仕事をしていたわけですから、そうした背景を知った上での意見が言えます。

このように多面的な見方ができると、会社を経営するとき、非常に役立ちます。経営者は表面的なことや大衆に流されると判断を誤ります。

そうならないためにも、**一つひとつ自分で確かめながら、複眼的な思考をして物事**

**を見極め進んでいくことが大切です。**

## ▼いい言葉はすぐにメモをとる▲

そして本を読んで気づいたことや、いい言葉を見つけると、私は忘れないようにすぐ書きとめることにしています。

ノートに書ける状況のときはすぐにメモしますが、**電車のなかなど、それができないときは、携帯電話で自分のパソコン宛てにメモを送っておきます。**

本は読みっぱなしにすると、どんどん忘れていきますが、気づいたことをノートに書いたり、携帯電話にメモすることで、より確実に頭に入ります。

どんな本でも、「何か自分に使えることがあるはず」「何か一つは実践しよう」という気持ちで読むので、必ず役立つ何かが見つかります。

**ワンフレーズでも見つけられたら、元をとったと思えばいいでしょう。**

一冊読むには、最低でも一時間、二時間という貴重な時間を費やすので、何も得ら

# いい言葉、気づいたことは携帯へメモ

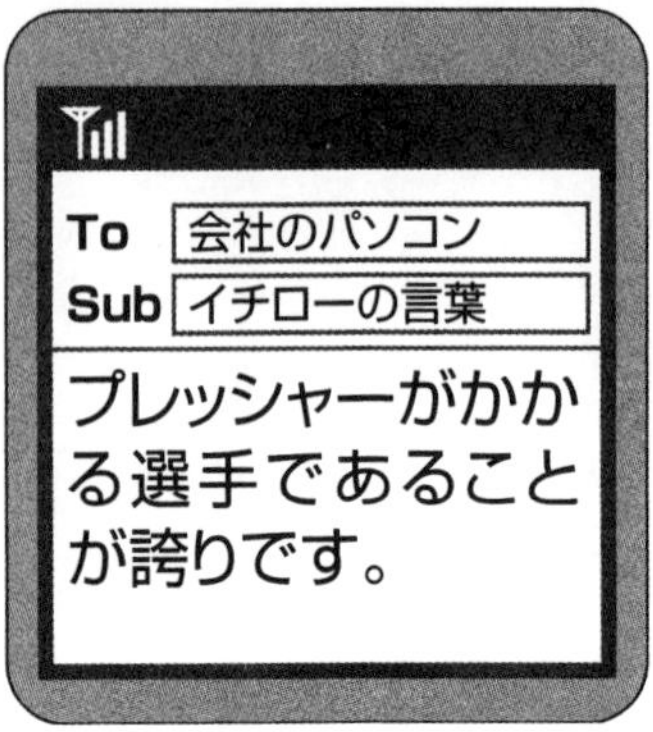


れなかったらもったいない。

ですから、**「どんな本も学びになる」という意識で、「遅読」でもいいので、じっくり探しだす。**

すると必ず元がとれます。

## ▼正反対の主張の本を同時に読む▲

私は評論書やビジネス書を選ぶときに意識していることがあります。

**一つは、正反対の理論を主張している本を選ぶこと。**

たとえば、「日本経済は没落する」という本を選んだら、逆の「日本経済は復活する」という主張の本も一緒に買います。

私たちのモノの見方はどうしても一方向

に偏りがちです。こうやって本を選ぶと客観的な視点を持つためにも、かなり効果があります。

**次に、立場の異なる人が書いた本を選ぶこと。**

たとえば組織論であっても、経営者などの実務家が書いた本と、大学教授などの研究者が書いた本を同時に読む。

前者からは生々しいエピソードなどによる現場発想の思想や運用が学べ、後者からは事例に裏打ちされた骨太のしっかりしたロジックにより土台が築けます。感覚的なノウハウと理論を融合させることができます。

**そして、もう一つは、アプローチの異なる本を選ぶこと。**

たとえば、社会問題の本なら実証データをベースとしているものと、著者の主張が中心となっている本など。

こうすると、自分の世界が広がり、価値観や視点も固定化されず、いろいろなものが見えてきます。

本選びにおいても、私は自分の枠組みを壊し、広げようと意識しています。

## 06 変化を追うより不変を追ってみる

### ▼共通点を探すことに意味がある▲

たくさん本を読んでいると、だいたい同じようなことが書かれていることに気づきます。

普通は**「何か新しいことを言っていると価値がある」**と思いがちですが、**それは逆です。**

**いろいろな成功者が、皆同じことを述べているのだとすると、それが「真実」に近いと言えます。**

そこにある「共通点」こそが、自分にもできる可能性がある普遍的な教えなのです。

もちろんその人なりの切り口や表現のしかたがあるので、人によってテイストは違ってきます。

でも言っていることの本質が一緒であれば、それを抽出することによって、得られるものが大きいと思います。

ですから、私はたくさんの本を読みながら、いつも共通項を探すように注意しています。

**「なあんだ、前に読んだ本と同じじゃないか。つまらない」ではなく、「あ、この人もそう言ってる。これってやっぱり大事なんだ」と考えます。**

「それって共通項があるよね」という読み方をする人は、ポジティブな人。違いにばかり気をとられるのは、ネガティブなタイプに多く、そういう人はなかなか本から学べません。

私たちは目の前の小さな変化や違いにばかり目を奪われていると、大きな流れに気づきません。

不変の「真実」を見失ってしまうのです。

昔からある養命酒や正露丸、オロナミンCがなぜいまも売れ続けているのかというと、同じメッセージを言い続けているからです。

不変のものを持ち続けるのは、会社を経営する上でもとても大切なことだと思っています。

## ▼センセーショナルな意見に乗せられると本質を見失う▲

世間にはいろいろな人がいて、さまざまな意見を言います。

「これからはこれが流行ると思います」「これからはあれの時代ですよ」など、いろいろ言われると、つい流されてしまいます。

でも本当はそんなことは関係なく、本質的に大切なものがあります。

**外野のいろいろな意見や、センセーショナルなマスコミの報道などによって、大切な本質を忘れてしまってはいけないのです。**

たとえばかつて、食品偽装の問題があちこちで取り上げられました。

みんな口をそろえて「けしからん」のオンパレードです。

でも「けしからん」のはわかりきったことです。

マスコミの役目はそうやってセンセーショナルに大合唱するのではなく、本当は

「偽装問題を防ぐにはどういう仕組みをつくるべきか」「消費者はどうやって身を守ればいいか」を提案することではないでしょうか。

それを消費者の気持ちをあおりたてて、騒いでいるのは、ムダとしか言いようがありません。

一般の人に受けやすいフレーズや切り口がありますが、そうするとどうしても「善か悪か」の二元論になってしまうので、そこをいかに理解した上で、自分のなかで本質的な判断をするのかが問われています。

# 07 机はでっかく、書斎は狭く

## ▼乱雑な机の上から新しい価値が生まれる▲

私の机の上は乱雑なまま、散らかっています。

それは第3章でも述べたように、「仕事をキリが悪いところで終わらせて帰る」からですが、では仕事のキリがつくと、きれいになるのかというと、そうではありません。365日、24時間、散らかったままの状態です。

**とにかく机の上に、不動産の書類や、セミナーの資料や、新聞の切り抜きや、読みかけの本など、なんでもかんでも広げてあります。**

これは私がだらしがないということもありますが、あえて意識してやっていることです。

なぜかというと、いろいろなものが並んでいると、思いがけないもの同士が組み合わさって、新しいものが生まれるからです。

たとえば、私はいま不動産業以外のことを始めています。

すると、「Ｗｅｂでこんなことをやると、お客さまが集まる」といったその事業のノウハウが、従来やっている不動産事業にもうまく生かすことができるのです。

こんなふうに、**意外なものの結びつきが、新しい価値を生むことがあるので、あえて机の上に何でも広げておくことで、情報がミックスされて、化学反応を起こすことをねらっています。**

## ▼情報は整理しないほうが活用しやすい▲

もちろんいろいろなものが散乱しているわけですから、整理整頓している人に比べれば、「あれはどこにいった？」と探しものをするときは多少時間がかかります。

**その時間がムダだという意見もありますが、探している間に、「あ、これってまだ考え中だったよね」とか「これ、いま使ったら面白いかも」というものが出てきたり**

# 私の机の上

**机の上は整理しないほうが物事が思考の網にひっかかりやすい**

**します。**

新しい発見があるので、そう考えると探している時間もムダではないと私は思います。

**情報はむしろ整理しないほうが、あとの活用はしやすいのです。**

## ▼机の上を四分割して活用する▲

ただそうは言っても、まったく無秩序に散乱させているわけではなく、机の上を大きく**四つに分割**していて、緊急度・重要度の高いものと低いものに分けて置いてあります。

**緊急度の高いものは、一番右下のすぐ手が届くところに置く。**

# 机の上を４分割して使う

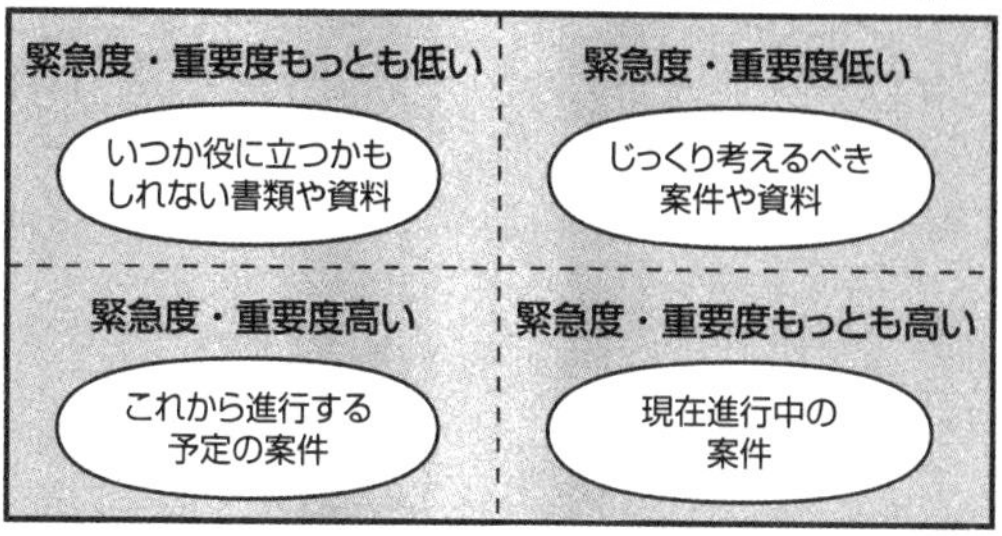


**机は大きいものを用意してたくさんの情報を広げておく**

すると見やすくて取りやすいので、忘れなくてすみます。

いつか役に立つだろうと思って切り抜いておいたものや資料など、**あまり緊急でないものは、一番遠い左上に置いてあります。**

机の上を「家捜《やさが》し」していたり、何かの拍子にふと目について、アイデアがひらめくことを期待しています。

そう考えると、**机はできるだけ大きいものを用意するのが望ましいでしょう。**

広げられるスペースが広ければ広いほど、たくさんの情報がのせられるので、化学反応が起きる機会も増えます。

**反対に書斎は狭いほうがいいと思います。**

情報は自分の目が届く範囲になければ意味がないからです。
私も半径一メートル以内にほとんどのものは置いてあります。
ほぼそのなかで生活できるぐらいです。

# 08 情報は整理した瞬間に死ぬ

## ▼ファイルボックスは情報を腐らせる▲

私は昔から片づけるのが大の苦手でした。

机の上に何でも広げておくのも、自分では「情報が化学反応する環境をつくっている」と豪語しているのですが、周りからは「それって、自分が片づけられないだけでしょう？」「ただの言い訳でしょう？」と笑われています。

自分でもこれではいけないと思い、整理整頓を心がけたことがありました。

まだ会計事務所に勤めていたころ、二三、二四歳のときだったと思います。日経新聞の切り抜きをせっせと集め、スクラップブックにしたり、ファイルボックスに保管したりしていました。

でも整理整頓の落とし穴は、整理した時点で、なぜか目的が達成された気になって、そこで終わってしまうところです。

せっかく切り抜いた記事もファイルボックスに投げこんで終わり。そのまま日の目を見ずに忘れ去られていく運命にあります。

情報は整理した瞬間に死んでしまうのです。

**そこで、いまは必要な記事や情報はそのまま机の上にポンと置くことにしています。**

必要なものは社員に頼んでスキャンしてもらって、自分のパソコンに落としています。

## ▼使い終わった情報はどんどん捨てる▲

集めてくる情報も、昔はただ漠然と「いつか使うだろう」と、興味を惹《ひ》かれたものは何でもかんでも収集していました。

**でも「いつか使うだろう」は「たぶん使わないだろう」です。**

いまは「これを何に使うのか」という目的が明確でなければ、流してしまいます。

万一、「あの情報は……」と必要になったときは、過去の記事を「日経テレコン」などのサイトで検索できるので、安心して流せるようになりました。

そして私は使い終わったものは、どんどん捨てます。

それでもまだ使われずに放置された情報が、机の上にどんどんたまっていきます。

下のほうはもう〝腐って〟きますので、タイミングを見計らって思いきって整理します。

# 09 名刺は日付順に輪ゴムでとめる

## ▼名刺は整理するだけ時間の損▲

私は名刺も整理していません。

会った順番に日付順に輪ゴムでとめて、束にしてそのまま引き出しにガサッと入れてあります。

その束が四つ、五つゴロンところがっています。

何とも大ざっぱな整理のしかたです。ただ、そのなかでも本当に頻繁に使うものは、専用の名刺入れのなかに別にして入れてあります。

そして、**名刺入れは常時三つ持ち歩いています。**

**二つは自分の名刺だけを入れているもの。**

会合などで一度にたくさんの人に会うときは、大量の名刺が必要です。

# 名刺は整理しない

たくさんの人々に会うので名刺をファイリングしているとキリがない。よく連絡を取る人だけを抜きだしておき、その他の人の名刺は会ったタイミングや会ごとに束ねておく

名刺を切らせてしまって、渡し損ねたら、会合に出席した意味が半分くらいムダになってしまいます。そんなときのために、いつも自分の名刺専用のものを二つ持ち歩いています。

もう一つの名刺入れは、現在進行中の案件などで、頻繁に連絡を取り合う人の名刺が入っています。

それとお気に入りのレストランカードも一緒に入れてあります。

急に誰かと食事をすることになったら、レストランカードを取りだして、電話をかけて予約を取ります。

レストランカードにはたいてい地図が書いてあるので、そのままタクシーの運転手

# お気に入りのレストランカードを持ち歩く

**急な食事の約束が入っても対応できる**

さんに渡して、「ここに行ってください」と指示ができるので、大変便利です。

# 10 情報を集めたければ、発信せよ

## ▼自分が思っていることは何でも言いふらす▲

情報は発信するところに集まります。

雑誌やテレビがいい例です。

彼らはどんどん情報を発信している。だから情報が集まるのです。

**人も同じ。**

「自分はこんな情報を持っています」とか「こんなことに興味がある」とか「こんなことをやろうと思っている」といった情報を大っぴらにだしていくと、響く人が現れます。

**人もどんどん紹介すれば、それだけ人脈が増えていきます。**

自分が未熟で自信がなくても、とりあえず言ってみる。

すると必ず世界が広がっていきます。

## 「自分が思っていることを、何でも言いふらせ！」が私のモットーです。

私がコンサルティングの会社を辞めたときも、「不動産投資の会社をつくりたい」とあちこちに言いふらしました。

すると「実はそれ、私も興味があったんです」と、ワラワラと何人もが手を挙げて、実際にお客さまになってくれました。

いまは新しい事業をやろうとしていますが、「これから〇〇関係の事業をやりたい」と情報を発信したところ、「こんな人を知っていますよ」と本当に紹介してくれて、事業が動き始めました。

**とにかく何かやろうと思ったら、いろんな人に言いふらす。**

すると誰かしら反応して何かが起こります。

人によっては、アイデアが盗まれるのを警戒して、情報を隠す人がいます。

でも私から言わせれば、その程度で真似されて潰れるような事業なら、遅かれ早かれ、潰れるでしょう。

むしろ積極的に発信するほうが、「こんなアイデア、あるんじゃない？」と他の人からフィードバックをもらえます。

## ▼情報をもらうときは、必ず自分も提供する▲

ただ注意したいのは、自分からは情報をださずに、一方的に「情報をくれ」とやって来る人です。

私も本を書いたり、メールで情報を発信しているので、いろいろな人からコンタクトがあります。

たとえば「金持ちになる方法を教えてください」とか、ただもう「会いたい、会いたい」と言ってくる人もいますが、一方的に「情報をくれ」ではなく、自分のほうからも何か提供する姿勢が大切です。

私も自分より大先輩の経営者や偉い方に会うときは、未熟ながら「自分はこう思います」とか「自分ならこうしますが」といった何かを提案しつつ、教えてもらうようにしています。

人に何かを望む場合は、自分の何かを与える。

# give and giveで考える

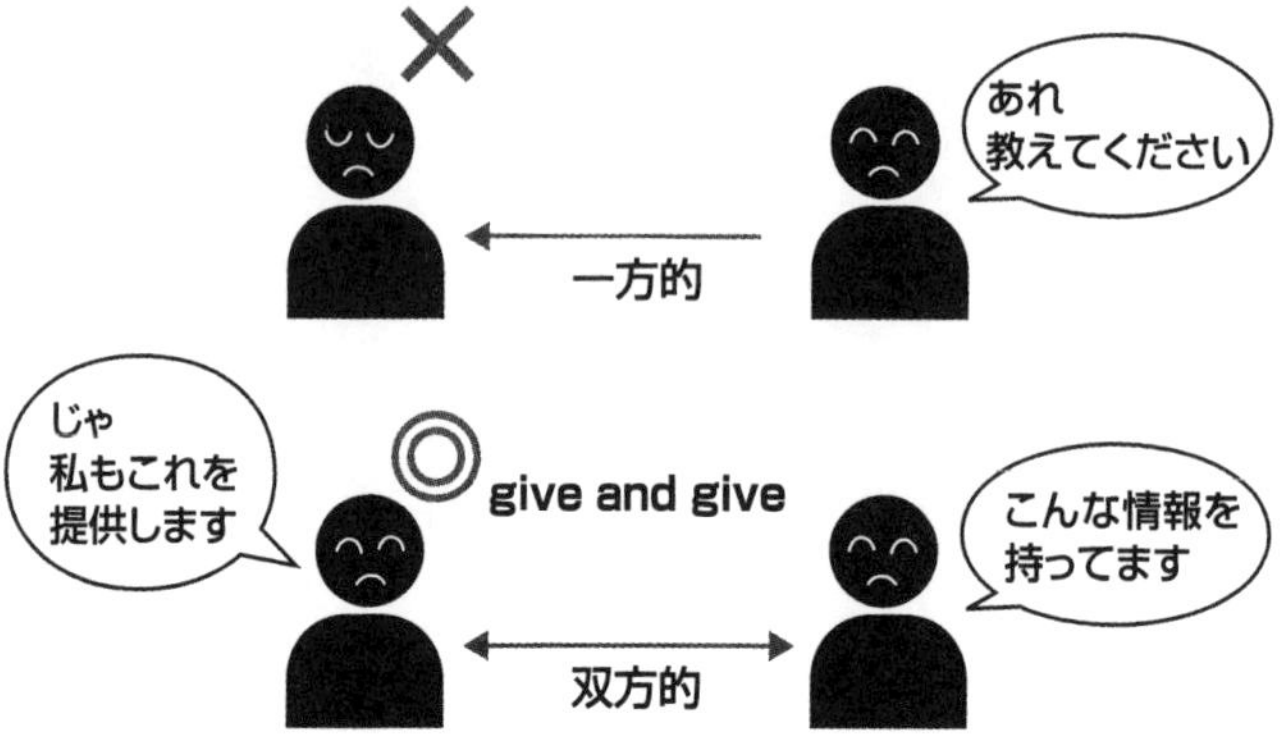


つまり、give and giveということを忘れないようにしてください。

# 視点の高さが同じ人と付き合おう

## 視点の高さが違うと接点が見つからない

不動産の「投資」は、必需品ではないので、こちらから「よろしくお願いします」とか「ぜひやってください」と頼むものではありません。むしろ、「どうしてもやりたい」という人のために、私たちはお手伝いをするものです。ですから「地震が怖い」とか「住宅ローンが心配」という人は、「やめたほうがいい」と言います。地震が怖い、ローンが怖いという人は、どの局面になっても、地震が怖いし、ローンが怖いのです。こういう人々は、私とはまったく世界観が違う人々で、そういう人と話していても、接点が見つかることはありません。これはプライベートにおいても同じ。視点が違う人と話していてもムダな時間になるので、極力さけましょう。

## 30代、40代は付き合う相手を絞りこむ

私はプライベートでも、視点の高さが違う人とは積極的にお付き合いをしないことにしています。たとえば会社の愚痴話になるだろうな、という飲み会に誘われても行きません。愚痴を言うのは時間のムダです。忙しくなってくると、どうしても目線の高さが同じ人とばかり付き合う傾向が出てきます。異なる価値観を持つ人と付き合うのは、大きな刺激を受けるのでウェルカムです。でも。視点の高さが違う人とは、なかなか話が合わないので、時間のムダになることがとても多い。若いうちはいろいろな人と出会うことが大切ですが、人生の方向性も定まってきた30代、40代はある程度、付き合う相手を絞りこむことも、時間を有意義に使うためには大切なことです。

# 第5章

# 人生を思考して「突き抜ける！」

# 01 自分探しの「時間」は必要か？

## ▼一生懸命打ちこんでこそ見えてくるものがある▲

自分が「何をやりたいのか」「何をやろうとしているのか」、目的と優先順位が見えていれば、いまやらなければいけないことがわかるので、ムダな時間の使い方はしません。

でも、「自分が何をやりたいのかわからない」という人は、自分探しのために、時間を浪費してしまいます。

おそらくニートやフリーターと呼ばれる人たちはそうなのでしょう。

私自身も経験があるのでわかります。

**ですが、いま「自分探しの時間はムダか？」と聞かれたら、私はムダだ、と言うでしょう。**

もちろん、人生の一時期、悩み、苦しみ、停滞する時期があっても、そのなかから得られるものもあるので、「何をやったらいいのかわからない」という「自分探し」の時期を、すべて「ムダ」と言いきるわけではありません。

でも人間は何かに一生懸命打ちこまないと、見えてこないものがあると私は思います。

「自分らしさ」は生まれながらに備わっているものかもしれませんが、それは漠然と探していても見えてこず、何かを一生懸命やったときに、「他の人とは違うこんなことができた」という見え方をするのだと思います。

**打ちこむものは、何でもかまいません。**

先にもふれましたが、たとえば単純な新聞配達であっても、どうやったら、自分で満足のいく配り方ができるのかを追求していくことで、見えてくるものがあります。

私の場合、大学を卒業してニート状態のころ、いくら「自分探し」をしても、いまのような不動産投資コンサルティングというアイデアは出てきませんでした。当然、いま始めたばかりの新しい事業などは、当時の私がいくら自分探しをしたところで、出てくるはずもありません。

**自分がやりたいことが見えてきたのは、私が「目の前にあること」、つまり会計事務所やコンビニやコンサルタントの仕事を死に物狂いでやったからです。**

つまりは、いろいろなことをやって、いろいろな経験をし、いろいろな人と結びつくことで、自分のやりたいことが見えてきたということです。

## ▼自分は探すものではなく、つくっていくもの▲

もし、この本を読んでいる読者の方で、「自分が何をしたらいいのかわからない」という人がいるならば、**「目の前にある仕事」に一生懸命打ちこむのが第一歩です。**

それも中途半端ではなく死ぬくらいの思いで打ちこみ、そのことについて2～3時間原稿なしで話せるぐらい、究めてみてください。

アメリカの詩人、ジェームズ・オッペンハイムの言葉にこんなフレーズがあります。

「愚者は、幸福がどこか遠いところにあると思いこんでいる。賢者は、幸福を足元で育てている」

# 自分は探すものではなく、つくるもの

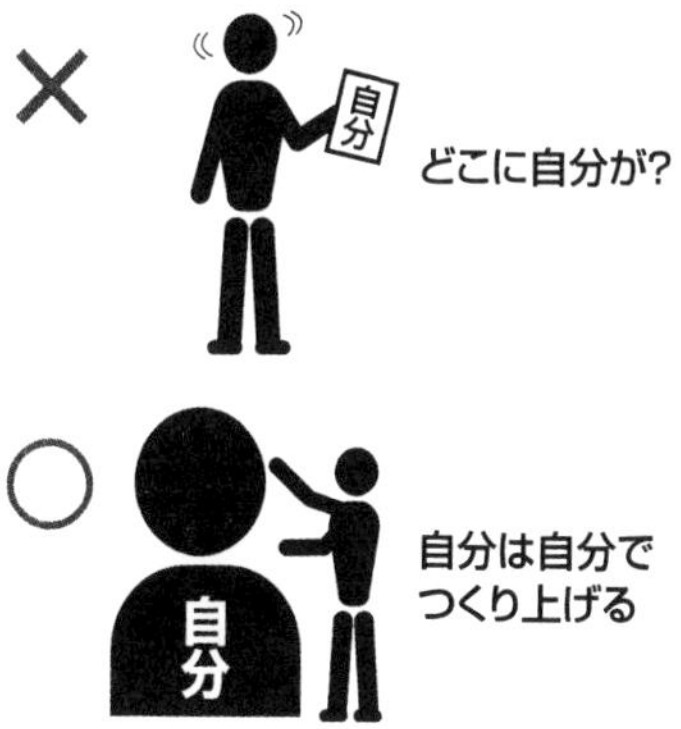


よく「自分探しの旅に出た人は、戻ってこられない」と言います。

**「自分」とは探すものではなく、つくっていくものだと私は思います。**

# 02 タイムマネジメントとはモチベーションマネジメント

## ▼モチベーションで日常の壁を突破する▲

「どうしてもこれをやりたい」という強烈なモチベーションがあるときは、**ある程度、ムチャな生活でも、しばらく続ければ、それが日常になっていくものです。**

私も大学時代、簿記の勉強をしていたときに、どうしても短期合格したかったため、朝は弱いにもかかわらず、早朝7時から始まる「答練」という答案練習の授業をとったことがあります。

前述したように、自分一人で朝5時に起きて、ファミレスで勉強するやり方は見事に失敗していたので、今度は「答練」という仕組みを利用し、無理やりその環境に自分を置いたのです。

授業料を払い、しかもライバルたちと机を並べて勉強するこの環境は、朝に弱い私の習慣を変えてくれました。

「周りの人に負けたくない」「短期合格したい」。その強烈なモチベーションと「授業」という環境が、私を後押ししてくれたのです。

「答練」のあと、午前中の講義が始まり、午後の講義、夜の講義と続きます。

私は１日でも早く資格が取りたかったので、「答練」から始まって、午前、午後、夜とすべての講義を選択しました。

丸１日、夜の講義が終わるのが10時過ぎです。朝７時から始まって、夜10時まで15時間ぶっ続け。はたから見たら「バカじゃないの」というぐらい勉強しました。

でも、半年で簿記１級の突破をねらう人は、みんなそうしています。周りがそうだから、はじめは異常に見えても、それが日常になってしまう。

**結局、「環境が人をつくるのだ」と私はそのとき思いました。**

自分に大きな「負荷」がかかる「異常な」状態でも、その環境に身を置く「仕組み」をつくってしまえば、習慣にすることができます。

## ▼モチベーション維持には夢や目標が不可欠▲

ただしそうなるためには、「絶対に半年で簿記1級を取る」という強烈なモチベーションが必要です。

モチベーションがないと、かりに環境を用意しても、どうしてもラクなほうへと流されてしまいます。

たとえば「細切れ時間を使おう」と思っても、モチベーションがないと面倒くさい。電車に乗って二駅か三駅しか乗らないというときは、わざわざカバンからテキストを取りだして勉強しようという気になりません。

タイムマネジメントとモチベーションマネジメントは切っても切り離せない関係にあります。やはりいかにモチベーションを高く維持できるかがポイントになってきます。

そのためには、**目的意識をしっかり持つこと。**

何のためにやるのか。それを成し遂げたあと、どんな素晴らしい未来が待っているのか。動機はなにも大きくて立派なものでなくてもかまいません。最初は「ベンツがほしい」とか「あいつにだけは絶対に負けたくない」といった小さなものでもかまいません。

**自分が動くエネルギーになるのであれば、どんなものでも利用していいと思います。**

そうやって動いた先に、また別のモチベーションがわいてきます。「ベンツがほしい」と思い、頑張ってベンツが手に入ったら、「じゃあ、次は別荘だ」とさらに大きな目標が現れます。

## ▼目標を目につくところに掲げる▲

とにかく自分の欲望がおもむくままに、エネルギーを利用する。

モチベーションを高く持ち続けられるような工夫をすることが大切です。

ちなみに**私が簿記の勉強をしていたときは、家の壁に大きく「6月の試験で簿記1級合格！」と書いた紙を貼っていました。**

**米国公認会計士（USCPA）の勉強中も、「米国公認会計士（USCPA）年内合格！」と書いて貼っていました。**

怠けてテレビを見ようとしたり、「眠いから、もう寝ちゃおうかな」というときも、その紙が目の片隅にチラチラ見えているものですから、十分な抑止力になりました。

目標を書いて壁に貼るだけでなく、手帳に貼りつけて持ち歩いていたこともあります。私の知人は目標を携帯の待ち受け画面にしていました。

成功を手にするためには、モチベーションマネジメントも重要だということです。

# 03 甘え上手は最大の武器

## ▼気遣い上手になること▲

私は甘え上手は最大の武器だと思っています。

とくに女性の社員に多いのですが、上手にお願いして、男性社員に仕事を助けてもらっているので、彼女たちの仕事は効率よく進んでいます。

依存しているとか他人任せという意味ではありません。

まさに「レバレッジ」を効かせ短時間で効果を上げています。

性別は限らず、甘え上手な人を見ていると、普段から人に「気持ち」を売っているのがわかります。

「気持ち」と言うとわかりにくいかもしれません。つまり、「心遣い」と言ってもいいでしょう。

たとえば「お茶をどうぞ」とか「手伝います」といった、他の社員への心遣い＝「気持ち」がよくできています。

また、同僚や上司が朝、出社してきたときや外回りから帰社したときも、ちゃんと本人のほうを振り向いて「おはようございます」「おつかれさまでした」と挨拶しています。

パソコンに向かったまま、顔も見ずに挨拶するのとは違い、一人ひとりの顔を見て、アイコンタクトを取るので、「あなたを大切にしています」オーラがちゃんと発せられています。

**人を大事にする人は、人からも大事にされるということです。**

そんな積み重ねの「気持ち」が蓄積されているので、何か自分が困ったとき、いろいろな人の協力が得られます。

すると、自分一人ではできないことも、たくさんの人の協力を集めて、大きな仕事が動かせるようになります。

## ▼甘え上手になるには聞き上手になる▲

男性でもなぜか人に好かれて、「あいつ憎めないな」という人がいます。

そういう人を見ていると、実は本人はそれほど仕事ができない人でも、周りのサポートでいい結果がだせています。

私の友人にも、年上の人に可愛がってもらえる「おやじキラー」がいます。

**彼の特徴は非常に「聞き上手」なこと。**

相手の話を一生懸命聞いて、気持ちがよい相槌《あいづち》を打つので相手もノッて、どんどん話してしまいます。

「聞き上手」は「甘え上手」になるための、第一歩だと思います。

## ▼甘え上手の上司は「ほめ上手」▲

上司のなかにも「甘え上手」というか、部下に上手に仕事を振れる人がいます。そういう人は、多少人使いが荒くても、部下がついてきてくれます。

彼らの特徴は、部下に仕事を振るときに、「こんなに重要な仕事を任せられるのはおまえだけだ」とか「期待しているよ」などという言い方をします。

間違っても「簡単な雑用だからおまえにやらせるんだ」とは言いません。

そして、部下が仕事をやり終わったら、必ず「助かったよ」「ありがとう」「おつかれさま」というねぎらいの言葉をかけています。

行動科学の世界では、人は何かをやって60秒以内にほめられると、すぐにまた次のいいことをするそうです。

**部下が頑張る「甘え上手」の上司は、普段から部下をほめているはず。**

ねぎらいやほめ言葉を言うのに、時間もお金もかかりません。

どんどん使いましょう。

# 04 健康に投資する

## ▼健康あっての人生▲

私は以前、風邪をこじらせ、3週間ほど本調子ではない状態で過ごしました。その3週間というもの、微熱が続き、下を向くと鼻水が出て、仕事に集中できません。常に頭がボーッとして、長時間働いているとクラクラして立っていられないほどでした。

思えば、独立してから2～3年は無我夢中でつっ走ってきて、ずいぶん体には負担をかけてきました。

時間がないときは、食事はパソコンをやりながら、コンビニのおにぎりやカップラーメンという日もありました。

たぶん栄養も偏っていたし、体力も落ちていたのでしょう。

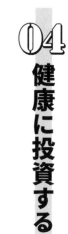

このときは風邪ですみましたが、これが入院でもしたら、大変です。どんなに日頃、効率的に時間を使っていても、1カ月とか半年ぐらい入院していたら、せっかく積み重ねてきたものが一気にムダになってしまいます。

**健康に投資するのは、時間をうまく使う意味でも、ものすごく大事な視点だと気づいた出来事でした。**

やはり、健康あっての仕事なり、趣味なり、人生なので、最近は健康的な生活に気をつけるようになりました。

それからは、風邪に懲りて、外から帰ったら必ずうがいと手洗いをしています。

## ▼過労死すれば、将来の時間を永遠に失う▲

私たちは仕事に追われていると、ついつい運動不足になります。

かといってスポーツジムに行っている時間もないので、私は普段、極力エスカレーターは使わずに、階段を歩いて上がるとか、歩くときも早歩きを心がけています。

時間があれば一駅分、手前で降りて歩くこともあります。

**健康にいいと言われることは積極的に取り入れるようにしています。**

水をたくさんとると代謝がよくなると言われたので、寝る前に一リットルの水を飲む習慣にしています。

それから、半年ほど前からは、サプリメントでパパイヤ酵素を飲み始めています。これを飲むと、アルコールを飲んでも酔いが残りません。栄養の吸収もよくなるそうです。

とにかく健康を害して倒れでもしたら、せっかくの時間を棒に振ります。あげくのはて、過労死や自殺にまで追いこまれてしまうとしたら、これから先、数十年にわたって得られたであろう経験や出会い、楽しい出来事などが、永遠に失われてしまいます。

健康こそは、時間に対する最も**基本的かつ不可欠な投資と言えるでしょう。**

# 05 時間をお金で買うという発想

## ▼お金で時間を買うのは将来に対する先行投資▲

お金は目に見えますが、時間は目に見えません。

**そのため、お金をだすのを渋ってしまって、お金と引き換えに得られる貴重な時間を見逃すことがあります。**

お金と時間を一度、天秤《てんびん》にかけて、「いまこの状況はお金のほうが大切なのか、時間のほうが大切なのか」を見極めた上で、判断するクセをつけたほうがいいのではないでしょうか。

言いかえればお金と引き換えに、時間が得られる場合です。もし時間を割いてそれをやれば、将来さらに大きなリターンが得られるなら、お金で時間を買うのは、有効な先行投資だということです。

たとえば移動中にやっておくとさらにクオリティが高まる仕事があれば、電車を使わずにタクシーに乗るとか、新幹線はグリーン車で行くとか、飛行機ならビジネスクラスを取ってもいいでしょう。

お金を余計に払うことによって、より快適で集中できる**時間が生まれるのなら、積極的に投資としてやったほうがいいのです。**

家から会社までが遠い人も、特急券やグリーン券を買って乗ると、片道1時間なり2時間なりの移動時間が快適に、有意義に使えます。

あるいはどうしても通勤の時間を短縮したければ、それこそ近くに引っ越してしまうとか、会社の近くにマンションを借りるのも有効な投資です。

**そこをケチるか、ケチらないかで、自分の人生が大きく変わるような場面なら、当然お金を投資したほうがいいのです。**

私も、根をつめて企画書や原稿を書かなければいけないときは、自腹でホテルを取っています。

クオリティの高いものをつくろうとするのなら、そこで使ったビジネスホテル代が一泊一万円だったとしても、得られる時間やそこから大きなリターンが発生するだろうと思うからです。

## ▼ホテルを使い倒す▲

ホテルに関して言うと、私は「ホテルを使い倒す」ことを日頃から実践しています。

たとえば**出張のときは、できるだけ駅直結のホテルに泊まります。**移動時間の節約になるからです。

東京にいるときにも、ホテルを取ることがあります。

**週末に都内のホテルに泊まれば、そこが集中できる仕事部屋、勉強部屋に早変わりします。**

インターネット環境もあり、疲れたら広いバスタブになみなみとお湯をはってつかります。

自分の家の風呂だと、何度もお湯をはりかえるのはもったいないと感じますが、ホテルなら水道代も気にせず、贅沢な使い方ができます。

週末の都心の朝は静まり返っているので、わざわざ高原や避暑地に行かなくても、誰もいないビルの谷間を散歩して心を落ちつかせることができます。

ロビーのラウンジは快適な執務スペースになり、打ち合わせでも使えます。

しかも有名ホテルなら待ち合わせるのに場所を説明しなくてもすみますし、ラウンジで待っていれば、相手が遅れてもイライラしません。

高級ホテルを使っていると、相手にも信頼感を与えます。

ホテルに泊まるのはもったいないとか、ホテルに泊まるほどのことではない、と思うかもしれません。

**でも、ホテル代が相対的に安いと感じるくらい、自分に投資し、大きなアウトプットを紡《つむ》ぎだそうという努力をする価値はあると思います。**

# 06 タイミングを逃さない。石の上にも3年はウソ!?

## ▼チャンスが訪れたら即つかまえよう▲

「どんな仕事でも3年間は頑張りましょう」と言われます。

でもその3年の間に、もし自分にとってものすごいチャンスが目の前に来た場合、まだ3年頑張っていないからと、そのチャンスを逃すのは、本当にもったいないことをしていると私は思います。

確かに「3年頑張ろう」という覚悟を持って仕事をするのは大事。

でもそれに**こだわるのではなく、チャンスが来たら、すぐさまつかまえにいく心の準備は持っておかなければなりません。**

昔からいろいろなことわざや知恵、常識がありますが、それをうのみにしないで、「タイミングを逃さない」姿勢は大事です。

私が起業したときも、たまたま気が合うパートナーが現れて、「このタイミングだろう。いまがチャンスだ」と思って、会社を立ち上げました。

私の計画では、起業はもう少しあとになると思っていましたし、ましてや不動産がらみの仕事をやるなどというプランは自分のなかにはまったくありませんでした。

そこに、はからずも出会いがあって、話が飛びこんできたのです。

## ▼心の準備ができている人がチャンスを逃さない▲

人は普通に生きていれば、いろいろなチャンスにめぐり合います。

でも多くの人は「いまは時期ではない」と慎重になってしまったり、怖くて踏みださなかったりして、チャンスを逃してしまいます。

**結局、心の準備ができているかどうかが分かれ目になります。**

それができていない人は、やはりチャンスがめぐってきたとき、おじけづいてしまいますし、おそらくどんなにいいチャンスが来てもビビってしまうのではないでしょうか。

私の場合、自分のなかで「面白いものがあったらやろう。自分がやることで、この世の中に価値を与えるものだったら、すぐにやろう」という心の準備ができていたので、どんな話が来ても、面白ければ躊躇せずに乗るし、意味がなければ乗らないという判断基準ができていたのだと思います。

## ▼失敗して失うものがあるか考えてみる▲

もし失敗したらどうしよう、と不安がる人がいますが、**失敗して失うものが何なのかを冷静に考えてみるべきです。**

失敗したとしても、失うのはお金と労力ぐらいで、お金なんてまた稼げばいいだけの話。

**たぶん、お金とは引き換えにならないぐらい大きな経験や学びができるでしょう。**

前にも述べましたが、「失敗して家族を路頭に迷わせちゃいけない」という言い訳は、いまの日本では通用しません。

「肉体労働は大変だから嫌だ」とか「この年になってそんなことはやってられない」とか「自分より年下に使われるのは嫌だ」とか、つまらないプライドを捨てて働く気

# チャンスを逃さない

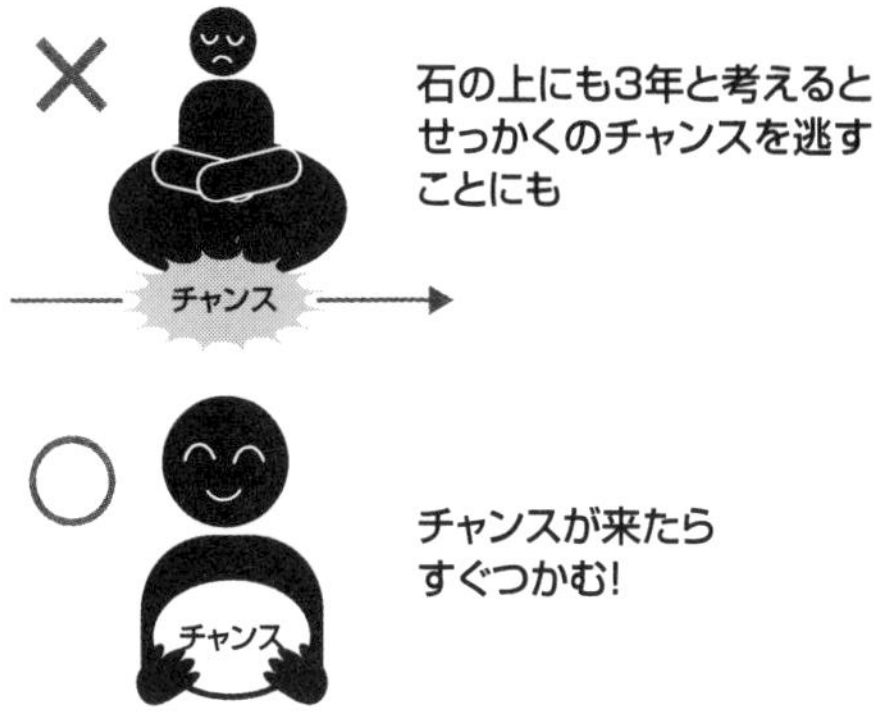
×
石の上にも3年と考えると
せっかくのチャンスを逃す
ことにも
チャンス
○
チャンスが来たら
すぐつかむ!
チャンス

さえあれば、どんな仕事でもできるはずです。

それを「家族のために」と家族のせいにして、自分が動かない理由をつくるのは家族がいい迷惑です。

**何かにチャレンジするときは、みんなが恐れているほど失うものは多くありません。「石の上にも３年」にこだわらず、チャンスが来たら、どんどん挑戦すべきです。**

# 07 ヒステリーニッポンとおさらばして「菩薩《ぼさつ》」になる

## ▼感情をコントロールすれば時間のロスを防げる▲

キレるのは若者だけかと思ったら、最近はいい年をした大人がキレるという話をよく聞きます。

この間も、タクシー乗り場で中年のサラリーマン同士がタクシーの順番をめぐって大喧嘩《おおげんか》している場面を目撃しました。タクシーは次々来ているのですから、どちらの順番が先だろうと、大差ないと思います。

もちろん商談の場で、あえて感情を表にだすことで、交渉を有利に進めるテクニックはあるでしょう。

でも私の経験上、**怒りをぶつけて事態が好転することは、ほとんどありません。**

むしろ私は、「怒り」という何も生みださないものに支配されないよう**自分の感情をコントロールするほうが、時間のロスを生まないためにも大事なことだと思います。**

テレビを見ていても、企業や政治家の不祥事があると、街頭インタビューでは「けしからん」とか「許せん」のオンパレード。

もちろん不祥事は悪いことで、断罪されるべきですが、とにかく相手が職などを辞めるまでたたくとか、追いかけ回すというのが一般的になっていて、何か日本全体がものすごくヒステリーになっているという感じがします。

たとえが適当かどうかわかりませんが、昔なら、学校で悪いことをした生徒を殴る教師がいても当たり前でした。

親もそれを悪いことだと思わず、教育の一環として受け止めました。

しかし、いまは先生が手をあげようものなら、社会問題になって、新聞記事になる時代です。私も学生時代、よく先生にぶん殴られていたので、そんなにヒステリーを起こして、怒る問題なのかといつも疑問に思います。

## ▼「菩薩になれ」がキーワード▲

私自身、キレないよう、いつも自分自身に言い聞かせているキーワードがあります。

**それは「菩薩になれ」です。**

菩薩になるとストレスがなくなるので、非常にラクです。

この間もあったのですが、満員電車で私が足を踏まれたのに、踏んだ人の方が思いっきり私を睨《にら》みつけてきたのです。

「人の足を踏んでおいて……」と思ったのですが、そこで魔法の言葉です。

**「菩薩になれ、菩薩になれ」**

菩薩になって、その人のことを考えると、「きっと、この人はストレスまみれで心に余裕がないんだな」と同情できるようになります。

「まあしょうがないよね」と、自分が一段大人になって、余裕を持って相手を眺めると、怒りがスーッと消えます。

また、仕事上で苦手な上司がいるなど、相手のことが感情的に嫌というときは、その人を見るのではなく、相手が言っている内容だけにフォーカスしてみましょう。

そうすると、嫌なヤツと思っていた人でも、意外にまともなことを言っていると気づく場合もあり、いちいち感情的に反発することもなくなります。

# 08 ストレス解消よりストレスの元を断つ

## ▼ストレスの根っこが何なのか考えてみる▲

ストレスがたまったならば、それを解消しなければなりません。

でも、そのためにお金と時間を使うのはもったいない。ならば、ストレスの元から断ってしまいましょう。


**ストレスがあるならまず、ストレスの根っこが何なのかを、いま一度振り返ってみます。**

それは人間関係なのか、仕事の中身なのか、仕事の種類なのか、あるいは会社の問題なのか、もしかしたら自分に問題があるのか。

ストレスの元が何で、どうやったら解決できるのかをまずは考えてみて、自分に問題があるのなら自分を変える、会社が問題なら転職するというように、ストレスそのものを断つ方向で行動したほうが、ストレス解消に時間とお金をかけるより生産的です。

ただ難しいのは人間関係のストレスです。
どこに行っても嫌いな人や苦手な人は必ずいます。

人間関係で逃げてしまうと、延々と同じ問題を繰り返してしまうことになるので、その場合は会社を辞めるというより、まずは人間関係を改善する方向で考えたほうがいいでしょう。

## ▼人間関係のストレスは直接本人に確かめるのが一番▲

私もコンビニの会社で、本部に異動になり、現場に指示をだす立場になったときに、いろいろなことを言われるようになりました。

「現場でかなり誹謗中傷《ひぼうちゅうしょう》されているらしいよ」と噂《うわさ》を聞き、どうしたかというと、**私は誹謗中傷しているその人のところに直接、話しに行きました。**

そして「問題提起をされていらっしゃると伺いました。ぜひお知恵をお貸しください。一緒に解決したいと思っています」と正面から聞いてみたのです。

さすがに相手も私に面と向かっては言いにくかったらしく「いや、そういう意味ではなくてですね。私も会社のため、社員のためを考えて言ったんですよ」と言ってくれて、かえってそれから関係がしっくりいったことがあります。

この方法は、上司から理不尽な要求や、思いつきのムチャ振りをされたときも有効です。**人間関係がギクシャクしている元を断つには、真正面から直接本人に切りこんでいくほうが効果があると、私は思っています。**

ただ従ったり、反発するのではなく、「その優先順位はどれくらいですか?」「いまこっちの仕事を抱えていますが、それより大切ですか?」「こっちの仕事が遅れてしまいますが、それでも大丈夫ですか?」と聞いてみると、上司も案外、冷静になるかもしれません。

人とのストレスを解消するには、とにかくこちらからコミュニケーションを取りにいくことです。

## ▼「自己チュー」になっていないか考える▲

人間関係の悩みはよく分析していくと、「自己チュー」な場合が多いように思います。

人間関係で会社を辞めた人の話を聞くと、確かに本人が言うこともわかるのですが、「でも、それってあなたのエゴでしょ？」と言いたくなるようなケースが多くあります。

要するに**相手が自分の思った通りに動いてくれないから、ストレスがたまってしまう。**

でも、**そのなかでいかにうまくやっていくかが本当のコミュニケーションです。**

「人は自分が思うようには動かないものだ」と最初から割りきっていれば、それほどストレスはたまりません。

人間関係の悩みを、愚痴を言うことで解決しようとする人もいますが、**私は仲間同士で愚痴や悪口の言い合いをするのはさけたほうがいいと思います。**

それをやっても「ストレスの元を断つ」という根本的な解決にはなりません。

もし、どうしても愚痴をこぼしたいなら、会社とはまったく関係のない第三者に話してみることです。第三者に客観的に聞いてもらうことで、本当に相手が悪いのか、単なる自分のわがままなのかがわかるでしょう。

# 09 人生にはショートカットなし！

## ▼地道なほうが結果的には早く成功できる▲

パソコンにはショートカット機能があります。

これを使うことで作業性が高まります。


**ところが人生は必ずしもそうではありません。逆に地道なほうが、結果的には早い、と私は思っています。**


知り合いで、父親の会社を継いだ二世社長がいました。

大学卒業と同時に父親の会社に入社し、すぐに部長、専務と出世し、三〇歳そこそこでグループ会社の社長になりました。しかし、苦労知らずでトップの地位についてしまったため事業でつまずいたとき、あっさりと心が折れて逃げ出してしまいました。

二代目のぼんぼんが会社を潰してしまうのは、よくある話です。

反対に、こんな人もいます。

父親は苦労してたたき上げ、自分の会社を一部上場企業にまで成長させた立身出世の人です。

しかし息子の就職にはいっさいの手助けをしませんでした。

息子は自力でゴルフ場経営の会社に入社し、会員権を売る営業の仕事につきましたが、思うように売れません。

思いあまって父親に頼みに行きました。

経済界に顔がきく父親に頼めば、会員権などいくらでも売れたはずです。でも父親は息子の頼みを門前払いしたそうです。

結局、息子は飛びこみの営業など苦労して実績を築き、ビジネスのノウハウを自力で会得していきました。

四〇歳になった彼はいま、父親の片腕として、父親の会社をさらに大きく成長させることに貢献しています。

## ▼小さなことの積み重ねが将来の貯金になる▲

先の例で私が何を言いたいかというと、人生には修業時代が必要だということです。新入社員で入社すると、コピー取りや掃除をやらされます。

すると「私はこんなつまらない仕事をやるために、この会社に入ったんじゃない」と思いがちですが、それは違います。

小さなことすら満足にできない人に、大きな仕事が回ってくることはありません。コピーもきちんと取れない人に、自分の仕事を任せたい人がいるでしょうか？

**どんなことでも、与えられたことを一生懸命、クオリティを高くやるようにすれば、必ず、見ていてくれる人がいます。**

**小さなことの積み重ねが、将来の貯金になっていきます。**

スポーツでもそうですが、どんなプロスポーツ選手でも、基礎体力づくりは欠かしません。それがすべての基本になっているからです。

**地道で時間がかかって遠回りに思えることが本当は一番大切なのです。**

# 常に自分を高める

## 会議を自分のものにする

有意義な会議ならばいいのですが、ムダだとわかっていても、どうしても出なければならない会議があります。仕事をしている人なら誰だって経験があることでしょう。自分がコントロールできる会議なら、工夫して生産性を高めることもできますが、自分の力ではなんともしがたい退屈な会議に出なければならないときは、その時間を「イメージトレーニング」に使いましょう。たとえば、会議で上司の発言を聞き、「もし自分だったらどうするだろう」と立場を変えて考えてみます。そして、「私があの人の立場ならこうする」といったことを紙に書きだしながら、戦略を練るトレーニングをするのです。つまり、自分がマネジメントする側になったときのシミュレーションをするのです。気持ちは当事者ではないので、冷静かつ客観的に議論を聞くことができます。

## ポジティブな口ぐせを身につける

私はいくつか口ぐせにしている言葉があります。何か問題やピンチが発生したときは、「これは乗り越えるべき試練だ」と自分に言い聞かせています。「ラッキー」や「ツイてる」という言葉もそのうちの一つです。その他に、仕事で社員や取引先から何か提案があったときも、ひとまず「それ、面白いじゃん」と言うようにしています。すると、本当に何かしら面白い部分を探そうとするから不思議です。このようにポジティブな言葉を口ぐせにすると、何かあったときに落ちこまずモチベーションが下がりません。モチベーションが下がらなければ、解決策を一生懸命に探そうとします。すると突破口が見えてくる。その結果、「ラッキー」な成果が生まれ、振り返ると「ツイていた」という結果になるわけです。

# おわりに

## ……極貧生活からのスタート

私は岡山の実家を飛びだし、東京の大学に進学しました。しかし進学をめぐっては父と意見が対立し、学費も生活費もすべて自分でまかなわなければなりませんでした。大学の受験費用と交通費は、お年玉、アルバイトそして、母からの援助でなんとかなりましたが、入学金が足りないことに気がつきました。これじゃ合格取り消しです。焦る私の姿を見て、二人の姉が支援してくれたのです。そして無事に大学に進むことができました。

学費は旧日本育英会の奨学金を得てどうにかなりましたが、住居費と生活費はすべてアルバイトで稼ぐしかありません。

当初は住みこみで新聞配達をしました。このときの家賃はなんと3千円と格安！

ずいぶん助かりました。その後バーテンダーやホテルのコック、ビル掃除などいろいろなアルバイトをして、お金を稼ぎました。
お米だけは母から送ってもらいましたが、おかずがない！　そこで大学の学食に置いてあるふりかけをこっそり頂戴し、ご飯にかけて食べたこともあります。もう時効ということで許してください。水道代がもったいないので、大学に行ってからトイレに行き、大学から戻るときもトイレに行ってから帰宅するのが日課でした。シャワーはもちろん大学のシャワールームで浴びてすませていました。

見かねた同級生やゼミの先輩が、いつも昼食をおごってくれました。およそいまの大学生には考えられないような、極貧生活でした。さすがに当時もこれだけ貧乏な学生は珍しかったと思います。
そして大学を卒業し、半年間のニート状態から会計事務所、コンビニ会社、経営コンサルタントを経て、いまにいたるのはすでに述べた通りです。

なぜ私のこんなつまらない過去を書いたかというと、私は本当にたくさんの人から

「投資」をいただいてきた、ということを最後にお話ししておきたかったからです。

私は社会から多大なる「時間の投資」を受けて育ってきました。

父と母は膨大な時間をかけて私を育ててくれました。二人の姉とも、ケンカをしながら同じ時間を過ごしてきました。

大学時代は、友人や先輩が親身に私の面倒を見てくれました。アルバイト先でも新聞配達の仲間とはよく遊びに行きましたし、所長夫妻も目をかけてくれました。バーテン時代のマスターもよくしてくれました。ホテル時代の先輩コックのおかげでオムレツも作れるし、キャベツの千切りもできるようになりました。

結婚してからは、妻がよき理解者として、たくさんの時間を与えてくれました。


これは仕事でも同じです。

最初に就職した会計事務所では、結局は期待に応えられませんでしたが、私の成長のために先輩社員は多くの時間を私に費やしてくれました。

コンビニの店舗勤務時代は上司や同僚に恵まれ、私の仕事の基礎をつくることができました。スーパーバイザー時代には仮説検証のイロハを学び、本部スタッフ時代にはＰＯＳデータ分析や業務改革についてたたきこまれました。

外資コンサル時代は先輩後輩、上司部下関係なく、相互に貢献し合うカルチャーのなかで成長することができました。違うプロジェクトに携わっているコンサルタントでも、気軽に声をかけて真剣にディスカッションに付き合ってくれたものです。

そして独立起業してからは、株主でもある大阪の大富豪がしょっちゅう東京に来ては、いろいろな教えを授けてくれたり、人を紹介してくれたりしています。いま一緒に働いている仲間も、こんな私についてきてくれています。社員は宝であるという先輩経営者の言葉がよく理解できます。


そう、生まれてからいままで、私はたくさんの人から時間の投資を受けて、ここまで来ることができました。

だからこそ、いままで投資してくれた人たちに、何らかのカタチでリターンを返さなければならないし、返したいと思っています。

つまり、私が時間をうまく使ってアウトプットの質・量を高めることは、自分自身のためでもありながら、実は周りの人への貢献や恩返しでもあると考えているのです。

「自分は社会から投資されて育ってきた」という思いがあるから、いいかげんな生き方なんてできません。

とはいえ、私がいつも完璧に生きているのかというと、そんなことはありません。ときには何にもやる気が起きないときもあります。相手の都合に合わせることもよくあります。

24時間集中し続けることは難しいし、物事はすべてバランスです。

だから、自分のルールに過剰にこだわらないし、時と場合に合うよう柔軟に変えればいいや、ぐらいの気持ちでいるほうがうまくいきます。

本書に紹介した時間術のなかには、ちょっと極端な方法もあったかもしれませんが、肩の力を少し抜いて、使えるところを自分流にアレンジしてくだされぱいいと思います。

でも時間は投資であるという視点だけは忘れずにいてください。

●著者プロフィール
**午堂 登紀雄**（ごどう ときお）

1971年岡山県生まれ。米国公認会計士。中央大学経済学部卒業後、会計事務所、大手流通企業のマーケティング部門を経て、世界的な戦略系経営コンサルティングファームであるアーサー・D・リトルで経営コンサルタントとして活躍。

2006年、著書『33歳で資産3億円をつくった私の方法』（三笠書房）がベストセラーとなる。

現在、株式会社プレミアム・インベストメント&パートナーズおよび株式会社エデュビジョンの代表取締役を務める。

起業家兼個人投資家としての活動に加え、講演や執筆活動も行っている。

『捨てるべき40の悪い習慣』『いい人をやめれば人生はうまくいく』（ともに日本実業出版社）など著書多数。

午堂登紀雄オフィシャルサイト
http://www.drivin-yourlife.net/

# グズが直る時間思考術

2020年3月10日　初版第1刷発行

著　　者／午堂登紀雄
発 行 者／赤井　仁
発 行 所／ゴマブックス株式会社
〒107-0062
東京都港区南青山6丁目6番22号
印刷・製本／日本ハイコム株式会社
編集協力／山口　雅之


ISBN978-4-8149-2208-6



※本書は、2008年6月にインデックス・コミュニケーションズから刊行された『「突き抜ける！」時間思考術』を再編集し、ゴマブックスより発行するものです。